「説得するために書く」作文指導のあり方

摺田誉美

溪水社

まえがき

　国語科の担う役割の1つとして、従来から情報化社会への対応、ひいては国際化への対応ということが主張されてきたが、私はそのことを考える以前に、そうした対応の主体としての児童・生徒のメンタル面の資質向上と論理的思考力との関係に目を向けた指導の必要性を感じていた。

　平成14・15年度、大学院修学休業制度により、筑波大学大学院修士課程教育研究科教科教育専攻国語教育コースで学ばせていただく機会を得た。大学の先生方や学友に接して多くのことを学び、そして幸いにも修士論文に研究の成果をまとめることができた。本書はその修士論文を元に書いたものである。

　現在の目で見直しても、拙く、論理的な飛躍の多い文章ではあるが、本書が国語科における「心」と「論理的思考」との関係の研究において捨て石ほどの役に立てればと考えている。

　本書の出版を熱心にすすめてくださった渓水社の木村逸司先生には感謝申し上げたい。

2004年6月

摺　田　誉　美

「説得するために書く」作文指導のあり方

目　次

まえがき……………………………………………………………1

序　章　「説得するために書く」作文指導研究の目的と方法
　　第1節　研究の目的……………………………………………5
　　第2節　研究の方法……………………………………………7

第一章　「対話」的コミュニケーションにおける「説得」と
　　　　「書くこと」指導
　　第1節　わが国の国語科教育における「対話」の教育の重要性……9
　　第2節　「対話」の持つ一機能としての「説得」……………20
　　第3節　「説得」と「書くこと」の関係………………………33

第二章　「一般意味論」指導の意義と作文指導
　　第1節　「一般意味論」の原理とカウンセリング理論との関係……41
　　第2節　「一般意味論」と国語科教育の関連…………………48
　　第3節　「トゥルミンモデル」と学習者の論理構造の発達……56

第三章　インベンション指導と「説得するために書く」作文
　　　　指導との関連
　　第1節　これまでのインベンション指導の成果と課題………63
　　第2節　インベンションにおける「配置」……………………76
　　第3節　インベンション指導の基本原理の検討………………82

第四章　「説得するために書く」「悩みごと相談の手紙」の
　　　　特徴とその指導

第1節　「悩みごと相談の手紙」作文指導の
　　　　先行実践と、その問題点 ……………………………85
　　（1）貝田桃子「説得する文章を書く―「私たちが
　　　　答える同世代の悩み」」………………………………85
　　（2）西鳥羽裕「社交的な手紙の作文技術 ―悩み事相談―」………94
　　（3）森下幸子「クラスの悩み相談室」…………………100
　　（4）先行諸実践に学ぶこと………………………………106
第2節　「説得」のためのカウンセリング理論・技法と
　　　　「トゥルミンモデル」及び「文章構成」との関係 ………107

第五章　「説得するために書く」作文指導の実践的研究
第1節　授業構想及び授業計画 …………………………………123
　　1　授業構想 ………………………………………………123
　　2　授業計画 ………………………………………………126
第2節　授業実践と考察 …………………………………………154
　　授業の実施状況と調査結果・考察
　　（1）第1時 ………………………………………………155
　　（2）第2時 ………………………………………………160
　　（3）第3時 ………………………………………………166
　　（4）第4時 ………………………………………………183
　　（5）特に「書けない生徒」への配慮……………………186
　　（6）「授業後のアンケート」の結果から…………………190
　　（7）授業の改善策…………………………………………194

終　章　研究の結論
第1節　結　論 ……………………………………………………197

あとがき ………………………………………………………………201
引用・参考文献 ………………………………………………………207

序　章　「説得するために書く」作文指導研究の目的と方法

第1節　研究の目的

　本研究は、わが国の国語科教育における「説得」の定義のあいまいさを明らかにするとともに、「説得するために書く」作文指導方法開発の重要性を指摘し、実践に基づいて指導方法についての知見を得ること及び課題を提示することを目的としている。
　わが国の国語科教育においては「論証」と「説得」の区別は明確ではなく、ほぼ同義語として扱われている。
　しかし、社会心理学の分野では明確に区別されている。深田博己は、これまでの心理学関係の辞典・事典、文献を検討した上で「説得」の定義を、「説得とは、送り手が、おもに言語コミュニケーションを用いて非強制的なコンテキストの中で、納得させながら受け手の態度や行動を意図する方向に変化させようとする社会的影響行為あるいは社会的影響過程である」とした。(『説得心理学ハンドブック』北大路書房　2002年　4ページ)
　この定義においては、「論証」の定義の中心となるべき、「事の真偽」については触れられていない。「説得」とは、「事の真偽」とは関係なく、「納得させながら受け手の態度や行動を意図する方向に変化させようとする」行為・過程である。
　こうした「説得心理学」や「説得」に関係する「交渉学」という学問分野は、主として1990年代に入ってから発展してきた学問分野であり、そこで「説得」の定義が問題となってきたのであるが、レトリックの伝統のあるヨーロッパ世界では、「論証」と「説得」の区別は明確であった。
　野内良三は「説得」の定義を掲載したわが国の国語辞典『日本国語大辞

典』『岩波国語辞典』『広辞苑』『新明解国語辞典』と、フランスの『プチ・ロベール仏語辞典』の「説得」の定義を比較した上で、次のように述べている。

　説得は「同意をとりつけること」に関わり、論証は「真理性」に関わる。言い換えれば、説得という行為は事の真偽には関係がないということ、説得は論証と異なって思弁的な行為ではなく、相手から同意を取りつけ、しかも相手に行動をうながすような、そういった実践的な行為であるということだ。

(『レトリック入門』世界思想社　2002年　129ページ)

　そして、フランス・ドイツ・イギリスといった欧米諸国において、日本の小学校高学年の年代から中学生の年代あたりから「論証」と「説得」を区別した自国語教育を展開している。
　こうした「説得」に関わる能力は、商取引や政治などの「交渉」や、他者や自己を説得する手段としての「カウンセリング」と関わりの深い能力であり、特に中学生の年代においては後者の能力は中学校生活を営む上でも重要な能力と考えられる。
　実社会での他者との「交渉」に通じ、しかも自己説得にも通じる「説得」の能力の基礎の能力は、中学生の段階で身につけさせたい。
　そこで中学生に対して、そうした「論証」とは区別された「説得」の能力の基礎を築くための「書くこと」の学習活動を構想し、指導の内容と方法を実践を通して研究することを目的とする。

第2節　研究の方法

　はじめに、わが国の国語科教育において、「説得」の基盤となる「対話」のあり方がどのように位置づけられているかを概観する。そして、その「対話」の持つ機能の1つとして「説得」がどう位置づけられ、どのような機能を持ち、「説得」が国語科教育にどのような意味をもたらすかを考察する。そして特に「説得」の機能を「書くこと」にどう生かしていくかを考察する。

　次に、「説得」と関係のある、「カウンセリング」の理論・技法とその基礎理論の「一般意味論」、さらに「一般意味論」とともに日常的論理学の研究成果である「トゥルミンモデル」との関係を考察し、中学生の論理構造の発達との関わりで「一般意味論」や「カウンセリング」の理論・技法を指導する意義を明らかにする。

　「説得するために書く」作文指導の内容については、上記のこれまでの「一般意味論」や「カウンセリング」の理論・技法に加え、「説得する」目的の作文指導の先行実践の到達点と問題点について考察しつつ設定していく。

　指導方法については、理論的研究の成果と、これまでの作文教育における「インベンション」指導の成果の概観を生かして、実践的検証授業を行う。主体の問題意識を喚起するとともに「キーフレーズ」に着目することを促す状況的な場を設定し、手引きによって作文創出活動を促進させる。授業は中学校3年生において実施し、実践結果の考察を行う。

第一章 「対話」的コミュニケーションにおける「説得」と「書くこと」指導

第1節　わが国の国語科教育における「対話」の教育の重要性

　平成10年7月の教育課程審議会の答申において、教育課程の基準の改善のねらいが示されるとともに、各教科別の主な改善事項が示された。この答申の中で、「ア　改善の基本方針」として次のことが述べられている。

　　（ア）小学校、中学校および高等学校を通じて、言語の教育としての立場を重視し、国語に対する関心を高め国語を尊重する態度を育てるとともに、豊かな言語感覚を養い、互いの立場や考えを尊重して言葉で伝え合う能力を育成することに重点を置いて内容の改善を図る。

（施線は引用者）

　この「互いの立場や考えを尊重して言葉で伝え合う」ことを仮に「対話」と名付けることに異論はないであろう。『明鏡　国語辞典』（大修館書店2002年）においても、「対話」の項は「①向かい合って対等の立場で話をすること。また、その話。②物事と向き合って精神的な交感を図ること」と意味づけがなされている。
　さて、こうした「対話」能力の育成がわが国の国語科教育において重点課題とされるのはどのような背景によってであろうか。
　平成11年9月に発行された『中学校学習指導要領（平成10年12月）解説　国語編』の「第1章　総説　1　改訂の経緯」には次のような記述がある。

今日の児童生徒をめぐる状況を見ると、受験競争の過熱化、いじめや不登校の問題、学校外での社会体験の不足など、豊かな人間性をはぐくむべき時期の教育に様々な問題が生じている。これらの課題に適切に対応していくことが、これからの教育に求められている。

　この中の、「いじめや不登校の問題」「学校外での社会体験の不足」の原因を1つに特定することはできない。しかし多くの原因の1つとして児童・生徒の「対話」能力の不足を挙げることはできる。
　中島義道は次のように現代のわが国の「対話」の「死滅」について述べている。

　　私語と死語が蔓延する教室、そしてアアセヨ・コウセヨというバカ管理標語・管理放送であふれる街路、定型的・因習的・非個性的言葉が放出される挨拶……と現代日本人は「個人の生きた言葉」を完全に抹殺してしまった。言葉は、個人の身体を脱ぎ捨てた「ぬけがら」のように中空でカラカラと回転しているだけである。
　　このことは、この国では対話がほぼ完全に死滅していることにみごとに対応している。

　　　　　　　　　　　　　（『〈対話〉のない社会』PHP新書　2001年　100ページ）

　ここで中島の言う〈対話〉は狭義の「対話」である。中島は「みずからの生きている現実から離れた客観的な言葉の使用法はまったく〈対話〉ではない。〈対話〉とは各個人が自分固有の実感・体験・信条・価値観にもとづいて何ごとかを語ることである」（同上書　102ページ）と定義している。
　とはいえ、広義にしろ狭義にしろ、児童・生徒の「対話」能力の不足の原因を現代の社会状況に求めることは容易であろう。
　また、門脇厚司は近年の子どもや若者の「「フツーの子」の自閉症児化」について述べているが、このことも「対話」能力の不足と結びつけて考えられよう。

近年の若者や子どものものの考え方や行動特性を特徴づけたネーミングはかなりの数に上る。モラトリアム人間、カプセル人間、新人類、ピーマン人間、指示待ち世代、オタク、自己チュー児などがそうした例である。その中の一つに「自閉症人間」がある。おそらく、名付け親は評論家の川本三郎氏で、日野啓三氏の小説に出てくる主人公たちの特性を分析しつつ、感情をこめた人間関係が不得意で、口をきく必要のない機械相手の方が気が楽で、カセットテープ一台あれば何時間一人でいても平気だ、というような人間をそう呼んでいる。

（『子どもの社会力』岩波新書　2001年　14ページ）

　「感情をこめた人間関係が不得意」というところからも、中島の言う「対話」の「死滅」と通ずるところがある。
　こうした状況が今日の中学生にどのような影響を及ぼしているのであろうか。
　今から10年ほど前の指摘であるが、坂本光男は、「最近、気になる四つのタイプの子」として、
　①すなおすぎる子
　②黙っているだけの子
　③ヘラヘラ・チャラチャラしてる子
　④言動のすさんだ子
というタイプについて述べている。
　「①すなおすぎる子」については次のように述べている。

　　考えてみると、幼少年期の子どもは、ヤンチャ坊主でありオテンバ娘なのが普通である。そして親や先生に叱られたり注意されたりしながら、しだいに自己規律や自立のちからを身につけていく。それが子どもらしいのである。
　　ところがすなおすぎる子には、そのヤンチャもオテンバもないのだ。

となると、自立のちからは身につけられない。だからこうした子は、ある日とつぜん登校拒否になったり、中学校までは無事にすぎても高校へ行ってから中途退学者になったりするのである。

(『子どもが変わった！　どう導くか』明治図書　1991年　20－21ページ)

「親や先生に叱られたり注意されたり」する機会を失うということは「叱られたり注意されたり」という「対話」とは無縁の生活を送ることになる。坂本はそうした状況が子どもの「自立のちからは身につけられない」ことにつながると考えているが、これも「対話」ということと結びつけて考えられる現象である。
　「②黙っているだけの子」については次のように述べている。

　表情もなく黙りこみ、他の者が笑うときも笑わない。そしていつも通り登校し、じっと教室に座りつづけ、やがていつも通りに下校していく子どもたちである。
　この子どもたちを、(中略・引用者) 生まれつきの性格だという先生がいる。問題を起こすわけでもないから、特別に心配しなくてもよいという先生もいる。
　けれども、それは重大なまちがいなのである。というのも、そういう子どもたちは、小さい頃から真剣に話を聞いてくれる親や相手の少なかった子だ。そのために話す喜びや張り合いを感ずることができず、話す意欲と要求を眠りこまされてきた子なのである。
　したがって、この子どもたちには不満・不信が潜在している場合が多い。そのために「まさかあの子が……」というような事件を起こし、大人たちを驚かす。
(同上書　21ページ　施線は引用者)

線で示した部分がまさに「対話」のない状況を示している。
　「③ヘラヘラ・チャラチャラしてる子」については次のように述べている。

この子どもたちは、まじめなことを茶化し冷笑する。自分にとって大事なことでも、笑ってごまかす。また授業中も、誰かを誘っては私語を続ける。
　　　　　　　　　　　　　　　　　　　　　　（同上書　22ページ）

　ここでは中島義道の言う〈対話〉を拒絶し、自分勝手な「会話」のみを追求する生徒の姿が見られる。
　「④言動のすさんだ子」については言うまでもあるまい。
　坂本はこのように生徒の分析を展開し、自著でどのようにこうした子に対していくかを述べているが、こうした子たちは「対話」のない状況、あるいは「対話」を拒絶した状況に自らを置いていると考えられる。
　また、心理カウンセラーの袰岩奈々は、「私の実感としては、一九九五年ごろから多くの学校で「子どもたちの幼さ」、そして「保護者たちの未成熟さ」について教員からの相談を受けることが多くなった」として、次のように述べる。

　　「授業中にほかのことをしているので、注意をするが、ぽかんとしている。何を注意されたのか、わかっていないようだ。」
　　「『そんなに言うことを聞かないなら、もう帰りなさい。』というような言い方をすると、本当に帰ってしまう。子どもに言葉のニュアンスを受け取ってもらえない。」「何回注意しても、四階のベランダの柵の外側を歩くなど、危険な行為を繰り返す。」「ちょっと腹がたったり、嫌な気分になると、すぐに殴る。」などなどの相談を受けることが増えてきた。保護者や子どもたちと、どうかかわっていいのかわからないと言う。特に、教員と子どもたちとの間で、お互いに伝えたいことがうまく伝わらないいらだちは、学級崩壊の芽となりやすい。
　　（『感じない子ども　こころを扱えない大人』集英社新書　2003年　12ページ）

　このような状況が進んでしまえば、児童・生徒の日常生活において、

「ことば」や「コミュニケーション」のあり方は危機的状況に陥ってしまうであろう。

ここで、「ことば」及び「コミュニケーション」とは何かについて考察しておこう。これら「ことば」「コミュニケーション」の本質を捉えることによって、この危機的状況の深刻さが理解されると思われるからだ。

野田雅子は「ことばとはなにか」について、次のように指摘している。

> 「ことばとはなにか」について、それぞれの領域の学者によって、さまざまな定義づけがなされているが、それらの定義のあいだで、もっとも一致している点は、
> （1）ことばとは、人間が、思想や感情、意志や意欲を表現、伝達したり、また理解するための手段として使用する音声や文字による記号体系であること。
> （2）音声または文字によって、思想や感情、意志や意欲を発表、伝達したり、それを了解する行為であること。
>
> である。　　　（『乳幼児のことば』大日本図書　2002年　11ページ）

ことばが「表現、伝達したり、また理解するための手段」として使用する「記号体系」であり、「行為」であることは野田の指摘の通りであるが、この「ことば」はその目的に「他者」との関わりも含まれていると考えられる。

倉八順子は「コミュニケーション」という語の定義について次のように述べている。

> 普通には、コミュニケーションは、「人と人とのことばによる伝達」、特に音声言語による伝達方法として理解されている。しかし、吉田夏彦氏によれば、コミュニケーションはラテン語のコムニカティオからきたことばであり、本来、「分け合うこと」という意味を持つ言葉であるらしい（『ことばとコミュニケイション』）。そうであるとすれば、

"コミュニケーション"の最も大切な点は、相手との分かち合い、すなわち、対象との統合、他者との意味の共有にあるといってまちがいない。

　　　　（『こころとことばとコミュニケーション』明石書店　1999年　9ページ）

　野田や倉八が指摘するところをまとめてみると、「ことば」は人間の「思想」「感情」「意志」や「意欲」を発表・表現・伝達・理解するための手段としての記号体系であり、特にその「発表・表現・伝達・理解」という行為の部分を「コミュニケーション」と名付けるならば、その元々の目的は「分け合う」ことであると言える。端的に言えば、人間の「思想」「感情」「意志」「意欲」を相手と「分かち合う」ことが「コミュニケーション」の本質であると言える。

　先に述べた、教育課程審議会が指摘した「いじめ」「不登校」「学校外での社会体験の不足」とは、「相手との分かち合い」「対象との統合」「他者との意味の共有」の不全状態、すなわち「ことば」「コミュニケーション」の軽視ないしは「死滅」の状態、さらにはそこから必然的に考えられる人間性の軽視であると考えれば、児童・生徒に対する「コミュニケーション」の教育、ひいては「対話」の教育の必要性が認識されよう。

　ここで「他者」という単語が出てきたが、「他者」と「自己」と「表現行為」「対話」との関わりについて指摘しておきたい。

　森田信義は、表現行為と人間との関わりを、
（１）コミュニケーションのための表現
（２）自己表現
の２つの極であるとした。そして、次のように述べている。

　　わたしたち人間は、国、地域、社会等で、他者との関わりを持たざるをえない生活をしている。集団の中で、働きかけたり、働きかけられたりしながら生きている。手紙を書く、説明をする、報告をする、主張・説得をするといった表現行為は、このような「自己⇔他者」と

いう関係の中で行われるものと考えられる。わたしたちが他者との関わりを持ちながら生きていくためには、必要欠くべからざる表現行為であり、その重要性は、多くの人にとって理解しやすいところである。
(『表現教育の研究』溪水社　1989年　5ページ)

　ここで注目すべきは、「自己⇔他者」というように、矢印が双方向に向けられている点である。表現行為が「他者」と「自己」の両方に向けられているとも読みとれる。表現行為が単に「他者」に対してだけ向けられる性質のものではなく、「自己」との葛藤において生み出される性質をよく捉えている。
　桑原隆が「言語生活」という概念について述べている文章に、次の指摘がある。

　　「言語生活」という概念は、日常生活の実用的レベルだけで問題にされてはならないであろう。実用的機能だけでなく、考えるという主体の働き、認識するという主体の働きに支えられた言語生活でなくてはならない。
(『言語生活者を育てる』東洋館出版社　1996年　47ページ)

　「表現行為」より上位の概念として「言語生活」を位置づけるなら、「考えるという主体の働き」「認識するという主体の働き」、すなわち「自己」を見つめることの重要性を指摘したものだと考えられる。単に「他者」に向けた実用的機能として「表現行為」を捉えるのではなく、「自己」を見つめ、「考える」ことを含めた「表現行為」であるべきだ。
　このように考えると、「自己」は表現の主体として表現しているだけの固定的な存在ではなく、「考える」という受容的な主体としても機能していることがわかる。「対話」という営みにおいては、「自己」と「他者」の関係は常に流動している。
　ミハイル・バフチンは「対話」における「話者」と「聴き手」との関係について次のように述べているが、これはそのまま表現主体としての「自

己」と受容者としての「他者」というように役割が固定的ではないことを述べているとも言える。

　一般言語学の教程（ソシュールのように真面目なものですら）にしばしば、言語コミュニケーションの双方のパートナー——話者と聴き手（ことば）——の大ざっぱで図式的な記述、つまり話者の側の能動的なことばのプロセスと、これに対応する聴き手の側の受動的なことばの知覚と理解のプロセス、という図式が見られる。これらの図式が誤りで、現実の一定の要因にあてはまらない、と言うことはできないが、しかし、これらの図式が言語コミュニケーションの真の全体であると主張するならば、これは学問的な虚構(フィクション)になる。じっさい聴き手は、ことばの（言語上の）意義を知覚し理解しながら、同時にそのことばに対して、能動的な返答の立場をとるわけだから。すなわち、そのことばに賛成もしくは不賛成である（全面的に、あるいは部分的に）、そのことばを補足し応用する、そのことばを遂行しにかかる、という具合に。しかも聴き手のこの返答の立場は、彼が耳をかたむけ理解するプロセスの全体にわたって、初めから、時には文字どおりに話者の最初の言葉から形づくられる。生きたことば、生きた発話の理解はどれも、能動的な返答の性格をもつ（なるほど、能動性の度合いはじつにさまざまだが）。どのような理解も返答をはらみ、なんらかのかたちでかならず返答を生み出す。つまり、聴き手が話者になる。
　　（『ことば　対話　テキスト』ミハイル・バフチン著作集⑧　新谷敬三郎・
　　伊東一郎・佐々木寛訳　新時代社　1991年　130－131ページ）

　これまで述べた「対話」「自己」「他者」の関係を考えたとき、これからの国語科教育における表現教育のあり方が見えてくる。
　森田信義は前掲書において、次のように表現教育の現状を捉えている。

　問題となるのは、コミュニケーションの教育を重視するあまり、認

識主体としての人間を育てることが、表現教育の重要な任務であるということが不明瞭になっているという現状である。(前掲書　14ページ)

「対話」の教育はバフチンの「対話」論に見られる通り、単なる一方的伝達の教育とはなりえない。「認識主体としての人間を育てる」ということが内包されてくるのである。

髙木まさきは国語科教育という営みを「他者」をキーワードとして読み直すことを試みている。

　　子どもたちが他者との関わりを避け、「対話」する言葉を喪失しつつあるとするならば、言葉を扱う国語の授業は、そうした問題を真正面から受け止め、彼らと問題を共有していく覚悟が必要であろう。だが、昭和四十三年（1968）の学習指導要領の改訂以来、話しことばの教育が長く国語科の片隅に追いやられてきたこともあってか、私たちはそのような角度から国語の授業を構想することを怠ってきた。今日、言語技術の必要性を説く声が大きくなりつつあるが、ただそれが子どもたちの日常と切り離されたところで、彼らに「伝え合う」技術の訓練を繰り返させるだけであるならば、そこからは依然として重要な問題がこぼれ落ちていくに違いない。
　　　　(『「他者」を発見する国語の授業』大修館書店　2001年　28－29ページ)

「そのような角度」とはこの文脈からすると、「子どもたちが他者との関わりを避け、「対話」する言葉を喪失しつつある」という問題を「真正面から受け止め」「問題を共有していく覚悟」を持つことであり、その覚悟を持って「国語の授業を構想すること」を私たち国語科に携わる者が「怠ってきた」と髙木は言いたいのであろう。「他者との関わりを避け、「対話」する言葉を喪失しつつある」ことは、これまで「対話」と「自己」「他者」の関係を考察してきたように、認識主体としての「自己」が育たなくなる危険性をはらんでいる。髙木のこのような指摘は、今日における

国語科の役割について述べた重要な指摘であると考えられる。
　元来、「伝え合い」「通じ合い」というキーワード自体、西尾実を持ち出すまでもなく、わが国の国語科教育における重要な概念であったはずである。しかし、今日の社会状況や、国語科教育の状況を考慮すると、ますますその概念を「対話」の教育として、実践レベルでどう具体化するかが問われていると考えられる。

第2節 「対話」の持つ一機能としての「説得」

　第1節において、今日のわが国の国語科教育における「対話」の教育の重要性を指摘した。その中において、中島義道、倉八順子、森田信義、桑原隆、ミハイル・バフチン、髙木まさきの論を検討しつつ、「対話」、「コミュニケーション」といった概念について大雑把ではあるが検討してきた。
　この論文において、筆者は「対話」の持つ様々な機能やはたらきについて詳しく述べる能力は持たないし、また本論文の目的とするところではない。しかし、「対話」に非常に近い概念である「コミュニケーション」「交渉」「説得」について取り上げ、検討することにより、これからの「対話」教育のあり方を考えていくことは可能である。
　この節では、「対話」について考え得る様々な機能の中で、「説得」という機能を取り上げる。「説得」とは何か、「説得」の持つ機能と、「説得」が国語科教育にもたらす意味についてこれから述べていくことになる。
　まず、近年の「コミュニケーション論」における「コミュニケーション」の定義について述べる。
　深田博己は、「コミュニケーション」に関する多くの概念群を整理し、最終的に「コミュニケーション」という用語は、①相互作用過程　②意味伝達過程　③影響過程、の側面を強調する3つの基本概念に集約されるとした。

　①相互作用過程としてのコミュニケーション：コミュニケーションとは、当事者が相互に働きかけと応答を繰り返すプロセス、すなわち相互作用過程である。コミュニケーションを介して相互理解と相互関係が成立すると考える立場である。
　②意味伝達過程としてのコミュニケーション：コミュニケーションとは、当事者間で一方から他方へと意味を伝達するプロセスである。コ

ミュニケーションを介して、意味が共有できると考える立場である。
③影響過程としてのコミュニケーション：コミュニケーションとは、当事者の一方が他方に影響を及ぼすプロセスである。コミュニケーションを介して他者に影響を及ぼすことができるという立場である。

(『コミュニケーション心理学』北大路書房　2001年　2－3ページ)

　これらの概念と、前節で検討した「対話」の概念の比較をしてみる。
　前節において筆者は、「対話」においては、認識主体としての「自己」の立場を強調した上で、「話者」と「聴き手」の役割が、一方的・固定的ではないことを、ミハイル・バフチンや森田信義の論を引用して指摘しておいた。この立場からすると、「対話」は上で述べた「コミュニケーション」の3つの基本概念のうち、①相互作用過程としての側面であると言える。
　さて、次に「交渉」の概念について検討する。
　この「交渉」について研究する学問である「交渉学」は、わが国においては1990年代になって盛んになってきた、若い学問である。研究者の一人、中嶋洋介は「交渉」の定義について次のように述べる。

　　交渉とは、「相手と取り決めるために話し合うこと。かけあい、談判」(『広辞苑』)とあるように、交渉は"話し合い"による当事者間の"取り決め・合意"を目的とする目的的行為であると定義される。

(『交渉力』講談社現代新書　2000年　34ページ)

　　お互いの状況報告や情報交換を"話し合い"で行うことがあるが、このような"話し合い"は"取り決め"を目的とするものではなく、"交流"と呼ばれるものである。"取り決め""合意"を目的としない話し合いは"交渉"ではない。　　　　　　　(同上書　38ページ)

　　交渉の目的である"取り決め"は利益の実現をめざしたものである。売買・譲渡・賃貸借などの"取り決め"が利益の実現を目的としていることはきわめてわかりやすい。一方、利益と直接関係がないように

見える平和条約、貿易交渉、国境線確定条約などの外交交渉も、お互いの国益をめぐる利害の調整・利益の実現を含んでおり、利益と深い関係がある。
　このように、<u>社会活動におけるさまざまなもの</u>が利益の実現を目指す交渉や取り決めの対象となる。（同上書　38－39ページ　施線は引用者）

　ところで、「交渉」が「利益の実現」を目指すとなると、「利益」という語感から、一方的な利の追求がイメージされ、先に述べた「対話」とは矛盾した概念のように思われるかもしれない。しかし、「交渉」の目的は一方的な利の追求ではない。中嶋も「交渉の基本は、ギブ（譲歩）とテイク（獲得）であり、決して勝つか負けるかのサバイバルゲームではない」（同上書　15ページ）と述べている。
　このように考えてくると、特に「対話」における「目的的行為」としての「社会活動における」側面を「交渉」と呼ぶことができよう。
　児童生徒がやがて成長し、学校を卒業した後、様々な社会活動に携わることになるが、その活動における「対話」は中嶋洋介の言う「交渉」としての側面と「交流」としての側面を持つと言える。学校教育の目的が「やがて学校教育を必要としなくなるように、児童生徒に諸能力を身につけさせることである」とするならば、「交渉」の能力を学校教育の中で育成していくことの必要性が理解できる。
　なお、「交渉」を成功させる要素として「説得」の能力を指摘することができる。中嶋洋介は次のように述べている。

　　　交渉を成功させるには（中略・引用者）具体的にわかりやすく説明できるプレゼンテーション能力、表現力、分析能力など交渉相手の理性に訴える力が必要とされる。
　ところが、わかりやすく、論理的に説明したとしても交渉が成立するとは限らない。理由は交渉相手の非理性（感情）の働きにある。論理的には納得していても、感情の行き違いからスムーズに結論が出な

かったり、交渉が不調に終わることも起こり得る。
　このため、交渉では、交渉相手の理性（論理）、非理性（感情）の両方に働きかけることが必要である。（中略・引用者）
　説得とは、交渉相手を納得させ、説得する側が期待する行動を交渉相手にとらせることである。
　　　　　　　　　　　　　　　　　　　（同上書　155－156ページ）

　ここまで述べたことを整理して図式化してみると、次のようになるであろう。まず大きな概念として「コミュニケーション」がある。
　その「コミュニケーション」の下位概念として、特に相互作用過程の側面である「対話」がある。
　その対話は「交流」と「交渉」という側面に分けられる。さらに、その「交渉」を下支えする能力として「説得」が位置づけられるのである。

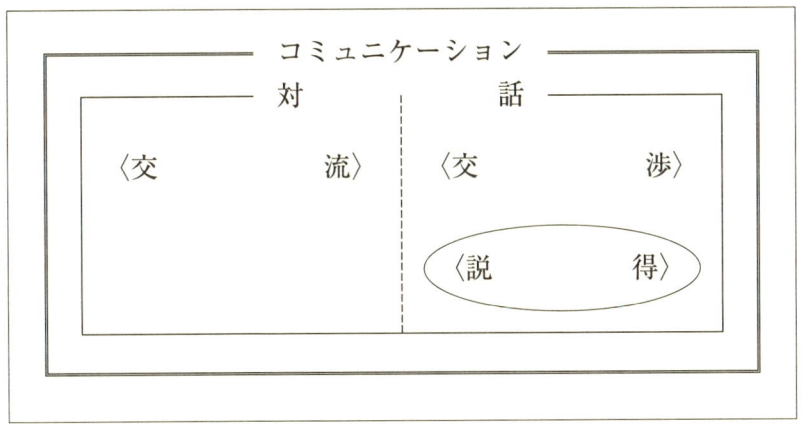

　さて、この「説得」という概念は、わが国の国語科教育においてはあいまいな概念であった。これは、日本語の意味として「論証」と「説得」の区別が明確でなかったことからうかがうことができる。
　野内良三はわが国の複数の国語辞典とフランスの代表的な辞典である『プチ・ロベール仏語辞典』（筆者未見）における「説得」の項の文言を比較して、次のように述べている。

『日本国語大辞典』……「よく話して得心させること。納得するように説きさとすこと。」
『岩波国語辞典』………「よく話して、わからせること。説き伏せること。」
『広辞苑』………………「よく話して納得させること。」
『新明解国語辞典』……「自分の意志や主張を十分に話し（伝え）て相手に納得させること。」

　ご覧のとおりどれも似たり寄ったりで、いずれもしっくりとした説明とは言いかねるが、そのなかでは『新明解国語辞典』の説明が一番まともかもしれない。ただ、この説明にしても「説得する」の類縁語「納得させる」に頼っているという点で不満が残らないわけではない。
　それでは次に、18世紀の百科全書派以来、辞典編纂では世界に冠たるフランスの、それも代表的な国語辞典『プチ・ロベール仏語辞典』（引用者未見）のpersuader（説得する）の項を引いてみよう。するとそこには、「（知的および感情的な）全面的な同意を取りつけることによって（人をしてあることを）信じ、考え、欲し、おこなわせるようにし向けること」と記述されている。そしてさらに、「convaincre（論証する）を参照せよ」との指示があるのでその項目を引くと、「ある一つの提言あるいは事実の真実性を（人に）認めさせるようにし向けること」とある。（中略・引用者）説得は「同意をとりつけること」に関わり、論証は「真理性」に関わる。言い換えれば、説得という行為は事の真偽には関係がないということ、説得は論証とは異なって思弁的な行為ではなく、相手から同意を取りつけ、しかも相手に行動をうながすような、そういった実践的な行為であるということだ。
　　　　　　（『レトリック入門』世界思想社　2002年　128－129ページ　施線は引用者）

　「事の真偽には関係がない」「相手から同意を取りつけ、しかも相手に行動をうながす」という点は、わが国の国語辞典では明白には表現されていない。これは最近の『明鏡　国語辞典』（大修館書店　2002年）においても

同様で、「説得」については「よく話して納得させること」、「論証」については「①事の正否を論理に基づいて明らかにすること。②論理学で、与えられた命題が真である理由を、論拠を提示して推論すること。証明。立証」としてあるのみで、「説得」と「論証」の違いにまでは言及していない。

このように、日本語の意味の上で「論証」と「説得」の違いは明確に意識されていなかったため、国語科教育においても同様に「論証」と「説得」は意識されず、学会のみならず実践レベルにおいても両者を明確に意識した研究は数少ないと思われる。筆者も戦後に出版された「国語教育辞典」の類に目を通してみたが、「説得」「論証」の区別どころか、これらの辞典には「説得」「論証」という項も設けられていなかった。あまりにも当たり前すぎる項目として、設けられなかったのだろうと推察する。

そうした背景があったからであろうが、国語科教育研究においては、井上尚美が、「説得」を大きく、理性に訴える「論理的説得」と、感情に訴える「心理的説得」とに分けている（『レトリックを作文指導に活かす』明治図書　1993年　61ページ）のも、わが国の国語科教育において「論証」と「説得」が区別されず、もっぱら「論証」と言うべき場合でさえ「説得」という言葉が使われている現状をよく反映していると考えられる。

また、香西秀信は「論理的思考」との対比において「修辞的思考」を論じ、その中で「説得」について述べている。

　　私は、修辞的思考を、「説得を志向する思考」とごく簡単に定義している。そして説得にとって、<u>論理的であること——正確に推論・論証されていること</u>——は必須ではない条件の一つにすぎない。だから、修辞的思考は論理的思考と対立的・相補的関係にあるというよりも、むしろそれを包含する関係にあると言える。

　　　　　　　　　　　（『修辞的思考』明治図書　1998年　1ページ）

ちなみに、心理学の分野においては「説得心理学」という分野がある。

もともとは「社会心理学」において「説得」は研究されていたのだが、近年独立した学問分野として認知されつつある。
　深田博己は、22の心理学関係の辞典・事典、文献を検討した上で、「説得」の定義を、「説得とは、送り手が、おもに言語コミュニケーションを用いて非強制的なコンテキストの中で、納得させながら受け手の態度や行動を意図する方向に変化させようとする社会的影響行為あるいは社会的影響過程である」とした。(『説得心理学ハンドブック』北大路書房　2002年　4ページ)
　この定義においても、『プチ・ロベール仏語辞典』同様、「事の真偽」は「説得」とは関係がない。心理学や外国語辞典の定義にはこのように共通点が多い。そこで本論文においては、「説得」の定義については深田博己の定義をそのまま採用して論じていくことにする。
　先に述べたように、この節においては、「対話」を「交流」と「交渉」の側面に分け、「交渉」を下支えする能力として「説得」を想定した。わが国の国語科教育においては「説得」が必ずしも明確に位置づけられていない現状をこれまで述べてきたのであるが、一方、外国においてはどうなっているのだろうか。
　まず、先ほど『プチ・ロベール仏語辞典』を取り上げた関係で、フランスの現状を述べる。
　伊藤洋は、日本の中学1年に近いところ（年齢的には11～12歳）の教科書を検討して次のように述べている。

　　ボルダス社の『フランス語―読み方　第5学年』の練習帳を一例として見てみると、(中略・引用者)「論証する、説明する、説得する、考えを変えさせる」などの項目があり、それぞれに興味深い問題が出ている。「説得する」の項では、祖母殺しの容疑のかかった人が警察に自分の無実を主張し、説得しようとしている、という7行ほどの文が書いてあり、その弁護士になったつもりで警察への説得をせよ、などという問題も出ている。(中略・引用者)また、もっと身近な問題として、「考えを変えさせる」のところでは、新しいジーパンが欲しい、

ところが両親はジーパンではなく、ズボン（男子）、ワンピース（女子）を買ってくれようとしている。それを思いとどまらせる論法を5つ書け、などがある。論理を重んじ、日常でも論争し、相手を説得して生きているフランス人の生活が見えてくるようである。

（『国語の教科書を考える　フランス・ドイツ・日本』学文社　2001年
39－40ページ）

　ここで注目すべきは、「論証する、説明する、説得する、考えを変えさせる」などの項目「それぞれに」「問題が出ている」という点である。フランスでは11、12歳の段階で、ある程度の「論証」「説明」「説得」の区別が学習内容として取り上げられているのである。後述するが、「論証」「説明」「説得」の区別の問題は、わが国の国語科教育のウィークポイントではないかと筆者は考えている。
　ドイツではどうか。古沢謙次はノルトライン・ヴェストファーレン州ギムナジウム第7・8学年（日本の中学1・2年）と第9・10学年（中3・高1）の指導要領を比較し、特に〈書く〉領域について次のように述べている。

　〈体験を語る／報告する〉〈記述する／説明する〉〈論説する／訴えかける〉の3つの作業において、7・8学年では前の2つに、9・10学年では最後の作業に重点が置かれる。
（同上書　82ページ）

　また岩崎淳は、ギムナジウム第7学年（中学1年）用『理解と実作』（オルデンブルク社　1996年）、『言葉への道』（シュレーデル社　1986年）の2つの教科書について、次のように述べている。

　『理解と実作』の第1章「利益を主張すること、問題を解決すること」では、「話し合いで説得する」ということや、その説得の内容が「乗馬を習いたい」という私的な希望であることが日本の教科書とは異なっている。

『言葉への道』の第1章「人を納得させる・人を味方につける」には「クラス合宿でどこへ行くか」「まず両親を納得させて、それから一緒に先生たちを……」などの記述がある。日本の教科書では、生徒が学校側にはたらきかけるような記述は見られない。「目上の人間に自己の希望や主張を述べる」という行為に抵抗があるのかもしれない。

(同上書　164ページ)

　古沢と岩崎によれば、ドイツでは日本の中学1年から「説得」について学ぶようである。イギリスではどうか。山本麻子は次のように述べる。

　　息子たちは、英語の授業として、11、12歳のころから、物語、詩、エッセイなどの作文のほか、さまざまな種類の文章を頻繁に書いていた。中でも、手紙形式の文はよく書いた。ただし、日常生活を報告する普通の手紙ではなく、「詫びの手紙」「依頼の手紙」「リゾートの売込みの手紙」など実践的なものが中心だ。(中略・引用者)
　　「詫びの手紙」については、「宿題をやらなかったことに対する教師への詫び状」を書くという想定だった。ただし、詫びを言うだけでなく、宿題ができなかった正当な理由があったこと、つまり、どうしても避けられない事情があったことを示して、相手にこれなら仕方がない、と思わせるような説得の要素を入れるように、と指導されていた。息子は理由として次のようなことを考えた。「学校の宿題をする前に日本語補習校の宿題をしなくてはならなかった。それをしようと思ったとき、鉛筆がないことに気がついた。鉛筆を買おうとしてバスで町に出る途中でバスが故障して……」と次から次へと不可抗力的な何かが起こり、結局学校の宿題ができなかった、でもこれは自分の責任ではないのでわかってほしい、という結びになっていた。到底信じられそうもないことをまことしやかに書くことになっていた。日本でも「嘘も方便」ということばがあるが、イギリスでは小さいときから、正直に本当のことを言って怒らせる代わりに、うまく方便を言う練習

をさせているのかと思って興味深かった。
　「依頼の手紙」の例では、「7月から8月の休暇に魚釣りにいきたいが、スペイン界隈の適当な場所を紹介してほしい。その詳細を書いたパンフレットを送ってくれるように」というものだった。また、「売込みの手紙」では、民宿の所有者という立場から、「うちの民宿はすばらしいので、ぜひ休暇に使ってほしい」と客に売り込むものだった。（中略・引用者）
　ところで、イギリスでは外国人を対象にした英語能力試験がある。（中略・引用者）よく考えてみると、いま紹介した部類のライティングは、外国人用英語試験の上級の部類で行うものに似ている。子どもたちが書いたものは、実践的で、応用すればすぐ実社会で使えることを前提としていたのである。

　山本の子息が受けた「詫びの手紙」「依頼の手紙」「リゾートの売込みの手紙」などの授業内容と、いわゆる「ナショナルカリキュラム」との関係は、この文章では不明瞭なので断定はしかねるが、山本の報告は、こうした「事の真偽」とは関係のない「説得」についての授業報告であり、イギリスの母国語教育の内容の1つである可能性は、「外国人用英語試験の上級の部類で行うものに似ている」という記述からも高いように思われる。
　各国の自国語の教育課程を詳細に検討したわけではないので断定はしかねるものの、これまで述べたように、フランス、ドイツ、イギリスといった欧米諸国では、「説得」と「論証」について、少なくとも別のものと考え、自国の国語科教育の内容の1つとしているようだ。
　また、OECD（経済協力開発機構）のPISA（生徒の学習到達度調査）の2000年調査結果に、次のような報告がある。（『生きるための知識と技能　OECD生徒の学習到達度調査（PISA）2000年調査国際結果報告書』ぎょうせい　2002年　073－077ページ）
　この調査は32カ国の各国150校の15歳児（わが国では高校1年生）を対象に行われ、わが国では約6000人の生徒が調査に参加した。

警察の科学的な武器

> 殺人事件が発生しました。しかし、その容疑者は容疑を全面的に否認しています。容疑者は被害者と面識がないと言い張っています。一度も会ったこともないし、そばに近付いたことも、触れたこともない…と主張しています。警察も判事もこの容疑者がうそをついていると確信しています。だが、それをどう立証するかが問題です。

　現場では、衣服の繊維、髪の毛、指紋、煙草（たばこ）の吸いがら…捜査員たちは証拠となりそうなものをすべて集めました。被害者の上着に付着していた2～3本の髪の毛は赤毛でした。そして、その髪の毛は不思議なほど容疑者のものに似ています。その髪の毛が容疑者のものであると立証できれば、これは、容疑者が実際には被害者に会っていた証拠となります。

人はそれぞれ唯一無二の存在

　ここで、専門家が分析に乗り出します。毛根の細胞と、容疑者の血液の細胞を調べます。人間の身体の一つ一つの細胞の核にはDNAがあります。それは何でしょうか。DNAは、ねじれた2連の真珠のネックレスのような構造をしています。この真珠は4色に分かれ、きわめて明確な順序でその4色の真珠が何千と連なり、遺伝子を形作っています。各DNAにおけるこの順序は、足の親指の細胞、肝臓（かんぞう）の細胞、胃や血液の細胞などと同様に、毛根の細胞も含め、人体のすべての細胞でまったく同じです。しかし、真珠の配列順序は人それぞれ違います。このようにじゅずつなぎになっている真珠の数から考えて、一卵性双生児を除き、二人の人間がまったく同じDNAをもっている確率はきわめて低くなります。したがっ

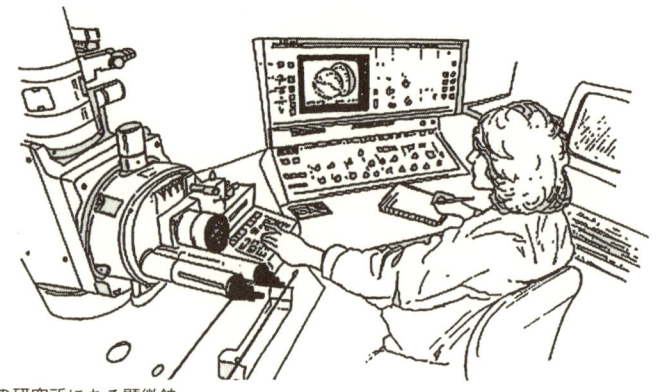

警察の研究所にある顕微鏡

て、人それぞれに固有であるDNAは、一種の遺伝学的身分証明書なのです。

そこで、遺伝学者は容疑者の遺伝学的身分証明書（血液が決め手）と赤毛の持ち主のそれとを比較できます。遺伝学的身分証明が同一ならば、容疑者は実際には、会ったこともないと言う被害者のそばに近寄っていたことがわかります。

たった1個の証拠

性的暴行や殺人、窃盗（せっとう）その他の犯罪に、警察が遺伝学的分析を行うケースがますます増えています。それはなぜでしょうか。二人の人間、二つのモノ、あるいは一人の人間とモノとの接触の証拠を見つけるためです。そのような接触を立証することは、犯罪捜査上、非常に有効である場合が多いのです。しかし、それで必ずしも犯罪の確証を得られるわけではありません。それはたくさんある証拠の中のたった1個の証拠に過ぎません。

アン・ベルサイユ

人間は数十億個の細胞でできている

すべての生物はたくさんの細胞でできています。実際のところ、1個の細胞は非常に小さいものです。あまり小さすぎて、倍率が非常に高い顕微鏡を使わなければ見えないほどです。それぞれの細胞は外膜と核をもっていて、核の中にDNAがあります。

遺伝子とは

DNAはたくさんの遺伝子でできていて、各DNAは数千という「真珠」からできています。この遺伝子の集まりが一人の人間の遺伝学的身分証明書となります。

遺伝学的身分証明書はどのようにして見つけるか

遺伝学者は被害者の上着に付着していた髪の毛根、あるいは煙草（たばこ）の吸いがらに残されたつえきから細胞を採取します。それをある生成物と混ぜると、細胞のDNAのまわりのものがすべて壊れます。遺伝学者は容疑者の血液から採取した細胞についても同じ処理をします。次にDNAに分析用の特殊な処理を行います。その後、特殊なゲルの中に入れ、そのゲルに電流を流します。2〜3時間後、（あらゆる商品についているような）バーコードのようなしま模様が現われます。これは特殊なランプを当てると目に見えます。そこで、容疑者のDNAのバーコードと、被害者の上着に付着していた髪の毛のDNAを比べます。

その調査問題の中に前ページのものがある。これは実用的な文章の読解問題に使われた文章で、その問3は次のようになっている。

この文章で筆者の最大の目的は何ですか。次のうちから一つ選んで下さい。
A　警告すること
B　楽しませること
C　情報を伝えること
D　納得させること

この文章は、警察のDNA捜査に関する大雑把な説明文であることは明らかで、正答は「C　情報を伝えること」になる。

この問いの正答率について、日本を含めた12カ国を比較したものがある。

これによると、日本の正答率は全体で50.4％であり、男子50.7％、女子50.1％と、男女差はほとんどない。

しかし、OECD平均（32カ国）は全体80.5％、男子78.4％、女子82.7％と、わが国の正答率は平均より30％低く、他の11カ国の正答率は70〜80％台で、わが国は12カ国中最低の正答率となっている。

これは、「説得」に関わる「納得」と、「説明」の区別が日本の15歳児にはできていない現状をよく示している。つまり、フランスの項で述べたように、日本の児童・生徒には「論証」「説明」「説得」の区別が明確に意識されていない傾向が諸外国の児童・生徒と比べて存在することがわかる。

これまで述べてきたことから、わが国のこれからの国語科教育の課題の1つとして、「説明」「論証」とは別の、「説得」に関する表現教育のあり方というものが考えられる。それは、児童・生徒が将来に生かせるであろう、様々な「交渉」場面における、基礎となるように構想されなければならないだろう。

第3節　「説得」と「書くこと」の関係

　先に筆者は第1節において、今日のわが国の国語科教育における「対話」の教育の重要性を指摘した。
　ただし、第1節末で引用した髙木まさきの論は、もっぱら「話すこと・聞くこと」について限定して言及している印象も持たれるであろう。たしかに、「対話」「説得」という単語から受けるイメージは、もっぱら音声言語に限定したものであるかのようだ。
　しかし、髙木は前掲書において、「第3章　論理を育てる「他者」という視点」という章で、作文教育についても論じている。詳しい検討は後述していくことになるが、「対話」、特に「説得」を単に音声言語の分野に限定せず、言語表現全体で捉えていく、特に「書くこと」にどのように関連しているのかをこの節では論じていきたい。
　わが国の国語科教育ではすでに、西尾実が「通じ合い」を理論の基礎とする作文指導理論を著書『書くことの教育』において展開している。
　その「はじめに」の中で、西尾は次のように述べている。

　　ことばの機能は、社会的通じ合い^{コミュニケーション}の一手段たるところにある。その機能は、話し・聞き・書き・読む、四つの形態をとって発揮せられる。この各形態を関連的に経験させ、こういう本来の機能を、十分に伸展させることが、現在の国語教育に課せられている任務である。
　　そのようにいうと、ある人は、いうであろう、それは、ことばを社会的必要の面からのみ考えることで、これまで、ことばを個人的心理的に考え、それによって、人間形成と文化の創造を任務としてきた国語教育に対立するものであると。が、それは、大きな誤解である。
　　<u>ことばを個人的心理的な機構だけで考えただけでは、まだ、人間形成も文化の創造も、未熟未完成たるを免れない。そのうえ、さらに社</u>

会的行動的な機能を認めることによって、それらは、はじめて可能になる。ことばの機能を、コミュニケーションの一手段とすることは、けっして、個人的心理的機構を無視することではない。必然的に、それをふくんだ、総合的立場に立って、はじめて可能になるのが、コミュニケーションである。ことばの機能を、表現と理解の体系としてとらえていた前期の国語教育は、個人的自我の解放に立脚した近代文芸主義を基調とする読方・綴方で、その人間形成と文化の創造は、個人的主観的真実の表現と理解を出ることのできないものであった。ことばの機能を、コミュニケーションととらえるにいたった、いまの国語教育は、社会的自我の発見に立脚した、近代主義克服をよりどころとする、話し・聞き・書き・読む生活学習で、その人間形成と文化の創造は、社会的客観的真実の表現と理解である点において、そこには、重大な史的総合的発展がたどられている。

(『西尾実国語教育全集第三巻』教育出版　1976年　243－244ページ　施線は引用者)

「ことばを個人的心理的な機構だけで考えただけでは、まだ、人間形成も文化の創造も、未熟未完成たるを免れない。そのうえ、さらに社会的行動的な機能を認めることによって、それらは、はじめて可能になる。ことばの機能を、コミュニケーションの一手段とすることは、けっして、個人的心理的機構を無視することではない。必然的に、それをふくんだ、総合的立場に立って、はじめて可能になるのが、コミュニケーションである」(施線は引用者)と述べているように、「対話」「コミュニケーション」は第1節でも述べたように、人間の個人的な認識としての「思想」「感情」「意志」「意欲」を相手と「分かち合う」ことであるから、「コミュニケーション」には西尾の言う「個人的心理的な機構」と「社会的行動的な機能」が含まれているのである。

そして西尾は、特にこの「コミュニケーション」の機能を「話し・聞き・書き・読む、四つの形態」としているが、その「書くこと」について次のように述べている。

これまでの国語教育では、われわれの談話生活・文章生活を個人的な表現と理解としてとらえ、十分な意味においては社会的な通じ合いcomunicationとしてはとらえていなかった。いいかえると、自己の真実を表現するということは、根本的な基準として追求されていたけれども、相手にわからせ、のみこませ、それを実行させるということは、その結果として、おのずから成立すると考えられ、それが直接の、また当面の要件であるということは、十分に考えられていたとはいえない。(中略・引用者)われわれの言語生活が、個人的行為であるよりも、社会的行動であるという自覚に立った、書くことの革新である。個人的な自我の解放に立脚した、近代文学主義綴方から、社会的な自我の発見に立脚した、当来言語主義作文への発展である。
　書く自己の真実を表現する「綴方」教育を、読む相手にわからせ、のみこませ、それを実行させる「書くこと」の教育に発展させるには、まず、何よりも、はっきりとということが根本条件として要請せられてくる。
　　　　　　　　　　　　　(同上書　250ページ　施線は引用者)

　「相手にわからせ、のみこませ、それを実行させるということ」とは、まさに前節で述べた「説得」の定義と重なる部分である。「それが直接の、また当面の要件であるということは、十分に考えられていたとはいえない」と西尾の論じたのは昭和27、28年の現状であったが、これは前節で論じたように、現在においても課題であることは間違いない。昭和20年代の西尾の卓見は、そのまま現在においても当てはまると考える。
　しかし、西尾が述べた「読む相手にわからせ、のみこませ、それを実行させるということ」に関わる作文がわが国に西尾以前に全く存在しなかったわけではない。
　たとえば、明治時代においては、高田早苗が文章を大きく散文と韻文に分類し、さらに散文を(1)記事文(2)叙事文(3)解釈文(4)誘説文、の4つに分けているが、その中の(4)誘説文が「説得」に関わるも

のだと思われる。

　　誘説文とは<u>人の品行及び信仰する所を感化するための文章</u>をいふ。人は感情の動物なり故に其法を以てすれば一篇の文章以て与論を動かし天下人民を風化する事を得べし

　　　　　　　　（『美辞学　後篇』金港堂　1898年　72ページ　施線は引用者）

　さらに誘説文を①「法律上の誘説。即ち法庭の弁論」②「政治上の誘説。即ち政論」③「宗教上の誘説。即ち説教」④「徳義上の誘説」、の4つに分類している。

　私見では、明治時代から「説得」のための文章というものは存在していたものの、その内実が法律、政治、宗教などの分野に限られていたため、児童・生徒の日常生活意識との格差が大きく、生活作文中心の国語科教育の場でこのような作文を指導する下地がなかったのではないかと考える。

　「説得するための作文」を児童生徒の教育の場において存在させるためには、児童・生徒の生活実態や意識に即した内容のものが求められているのである。

　井上尚美は、「相手を動かすために書く作文」として、次のような例を述べている。

　　a　推薦・宣伝文を書く
　　b　標語を書く
　　c　説得を目指した手紙を書く
　　練習問題
　　1　ダイレクトメイルや広告などを持ち寄り、その手法について話し合う。
　　2　ある目的のための寄付金集めの手紙（趣意書）を書く。
　　3　新しい食品のPRを母親向けに書く。次に子どもを対象に書く。
　　4　学校生活を改善するためのアイディアを提案し取り上げてもら

うために、校長先生に手紙を書く。
　d　見出しをつける
　　　　　（『レトリックを作文指導に活かす』明治図書　1993年　63－66ページ）

　大内善一は、井上尚美の挙げた「推薦・宣伝文を書く」「標語を書く」「説得を目指した手紙を書く」「見出しをつける」といった作文指導例に対して、次のように述べている。

　　井上は、テレビ時代の中で「テレビの広告コピーに影響され」た子供たちに対して、「作文もこれを利用しないテはありません」と指摘している。全く同感である。これからの作文指導では、右のような作文活動を大いに取り入れていくべきである。
　　　　　（『思考を鍛える作文授業づくり』明治図書　1994年　263ページ）

　また大内自身にも、広告文の一種であるコピー作文の実践提案がある。（『コピー作文がおもしろい』学事出版　1997年）
　井上や大内の提案や指摘はもっともである。ただし、これは多数の大衆を相手に想定した説得である。一対一の説得ということは、児童・生徒の生活実態や意識に即した内容としてありうると筆者は考える。
　そのように考えると、特に中学生を対象に、「事の真偽」に関係しない「説得」を想定した場合、心の問題に関わる「カウンセリング」について述べておかねばならないだろう。
　第1節において、「いじめ」「不登校」「学校外での社会体験の不足」の原因の1つとして「相手との分かち合い」としての「コミュニケーション」不全、「対話」の不全があることを指摘しておいた。わが国の小学校・中学校・高等学校は現在、こうした問題状況の解決方法の1つとして、特別活動や総合的な学習といった学習活動や、担任や学校カウンセラーによるカウンセリングといった手段を持っている。そしてカウンセリングとは、様々な学派・流派によって定義が異なるものの、「悩みの解消のため、結

局はクライアントの考え方や行動に少しずつ変化をさせるための説得技法」であると考えられる。

　そこで、学校における「カウンセリング」の状況から1つの側面について述べることにより、生徒が自ら他者、あるいは自己を説得する力を獲得していく可能性について論じていくことにする。

　中学校・高校の生徒指導の一環として、「ピア・カウンセリング」を採用している学校が近年見られる。「ピア・カウンセリング」とは、これも様々な定義のしかたが可能ではあろうが、簡単に次のように定義する。

　　　ピア・カウンセリングのピア（Peer）とは、『仲間、同輩、対等者』という意味。同じような環境や経験を共有する仲間が、日常の悩みや相談ごとなどを、気楽に話し合うこと、お互いにカウンセラーとなって自分の考えを打ち明け合うことを、私たちは『ピア・カウンセリング』と呼んでいます。
　　　　　　　　　（『ピア・カウンセリング入門』オーエス出版　2001年　2−3ページ）

　これを学校で行うことを「学校でのピア・カウンセリング」ということになるが、この場合、ピア・カウンセラーは友達、同級生ということになる。（『学校でのピア・カウンセリング』川島書店　1999年）

　同上書においては主に「いじめ」に対してのカウンセリングの事例がいくつか述べられ、さらに全校的にピア・カウンセリングにどう取り組むかが述べられており、一定の成果が見られた。

　問題は、「傾聴のスキル」をはじめとする高度なスキルをピア・カウンセラー役の児童・生徒にどうやって身につけさせるか、また、その訓練時間をどうやって確保するかといった点、さらにはクライアントの秘密を児童・生徒のピア・カウンセラーが厳守できるのか、といった問題があろう。

　とはいえ、同級生、あるいは近い学年のピア・カウンセリング自体、全く可能性がないわけではないということである。

　「傾聴のスキル」をはじめとするスキルを、現行の教科・領域の枠組み

のどこに位置づけるか、特に「コミュニケーション」の問題として、国語科で位置づけることを考えていきたい。

さて、ここで行われるカウンセリングは、主に音声言語によるコミュニケーションであるが、中学生・高校生をクライアントに想定した場合、どの程度効果があるのか疑問な点もある。

渡辺康麿は、生徒からの相談に応じる教師たちの悩みについて、次のように述べている。

　……共通する彼らの悩みが見えてくるように感じられました。それは、彼らが、カウンセリングの理論を頭では理解していても、それを実践に結びつけることに困難を感じている、ということです。
　　　　　（中略・引用者）
　……相談者の話を共感的に理解することの大切さは、重々わかっているのです。けれども、その大切さを理解していることと、教育現場の中で、それを実践することとは、全く別なのです。
　　（『教師のためのレター・カウンセリング』学陽書房　1998年　5ページ）

教師であっても、これだけの困難が音声言語によるカウンセリングには伴うのである。そこで、渡辺はレター・カウンセリングの方法を提案する。渡辺によれば、レター・カウンセリングとは、「相談者に相談内容を手紙に書いてもらい、それに対して、カウンセラーが書面で答える、という方法」（同上書　6ページ）ということである。これと、従来の音声言語によるトーク・カウンセリングとを比較し、渡辺は次のように述べる。

　……相談を受ける側、つまり教師の側から考えて、聞くよりも読むことの方が状況や相手の反応に左右されずに、生徒からの相談内容を理解しやすいと言うことができるでしょう。さらに、生徒からの相談内容に対して、自分の状況や感情に左右されずにじっくりと考えて回答することができると言うこともできるでしょう。

（同上書　7ページ　施線は引用者）

「聞くよりも読むことの方が状況や相手の反応に左右されずに、生徒からの相談内容を理解しやすい」「自分の状況や感情に左右されずにじっくりと考えて回答することができる」これらは、前者がいわゆる受信、後者が発信の状況を示しているが、教師によるレター・カウンセリングにこれだけの利点が認められるのなら、生徒同士のピア・カウンセリングへの転用は、そっくりそのままは無理な点もあるが、1つの考え方として成立しやすいのではないか。特に思春期特有の、自己表現の苦手な気質の中学生にとっては、話す・聞くよりもレター・カウンセリングによる説得形式の方が取り組みやすいのではなかろうか。

　以上で、この節で述べてきたことを整理したい。

　まず、西尾実が述べた「読む相手にわからせ、のみこませ、それを実行させる「書くこと」の教育」、すなわち「説得するために書く」作文は、第2節で述べたようにわが国の国語科教育の現状では不十分であるということ、その原因は（私見だが）明治時代から「説得」のための文章というものは存在していたものの、その内実が法律、政治、宗教などの分野に限られていたため、児童・生徒の日常生活意識との格差が大きく、また従来の主流の生活作文中心の国語科教育の場でこのような作文を指導する下地がなかったのではないかと考えられる。

　そこで筆者の提案として、児童・生徒の日常生活意識に即した内容として生活上の悩みを扱う「カウンセリング」の技法を国語科教育に取り入れ、特に中学生の気質・心情等を考慮して、トーク・カウンセリングの技法よりもレター・カウンセリングの技法から学んでいくこととしたい。具体的な実践の構想と内容は第五章で詳述することになる。

第二章　「一般意味論」指導の意義と作文指導

第1節　「一般意味論」の原理とカウンセリング理論との関係

　この章全体としては、前章で述べたカウンセリングと関係の深い、いわゆる「一般意味論」と、国語科教育との関係について論じていく。
　この節では、「一般意味論」とは何かを概観し、その上でカウンセリング理論との関係を述べる。
　「一般意味論」とは何か。井上尚美は述べる。

　　これは一九三三年、ポーランド系アメリカ人のコージブスキー（Korzybski, A.）によって唱えられた。この理論は、ことばの正しい使い方を目指すものであり、その意味で教育——とくに言語教育やカウンセリングにも大いに役立つ。そこで、その根本的な考え方を次に述べてみよう。
　　一般意味論とは何かという「定義」について、指導者の一人ラポポート（Rapoport, A.）はこう言っている。
　　「一般意味論は、人々がいかにことばを用いるか、またそのことばが、それを使用する人々にいかに影響を及ぼすかについての科学である」
　　そして一般意味論と文法・論理・（哲学的）意味論との違いを次のように述べている。
　　文法——語と語の関係（語が正しい順で結びつけられているか）
　　論理——文（命題）と文（命題）との関係（文が互いに正しく関係しているか）

意味論——語や文と、それの指示する対象（もの・こと）との関係
　　　（文がものごとと正しく対応しているか）
　　一般意味論——語、文、およびその対象に関係するだけでなく、<u>それ
　　　が人間の行動にどう効果を及ぼすか</u>に関係する（「事
　　　実→神経系→言語→神経系→行動」の全体に関係する）
　こうした一般意味論の主張を端的に表している有名な言葉がある。それは、
　　「地図は現地ではない」（コトバはモノではない）
という命題である。一般意味論でくり広げられているいろいろな主張は、すべてこの命題からのバリエイションだといってもいいであろう。
　　　　　（『国語教育・カウンセリングと一般意味論』明治図書　2002年　15ページ
　　　　　　　　　　　　　　　　　　　　　　　　　　　　施線は引用者）

　「語、文、およびその対象」に関係するだけでなく、「それが人間の行動にどう効果を及ぼすか」という部分は、まさに第一章で述べた「説得」の定義、「説得とは、送り手が、おもに言語コミュニケーションを用いて非強制的なコンテキストの中で、納得させながら受け手の態度や行動を意図する方向に変化させようとする社会的影響行為あるいは社会的影響過程である」と関係がある。
　同じく、S. I. ハヤカワは「意味論」の用語解説として次のように述べる。

　　意味論　semantics
　　二種ある。（1）いわゆる意義学。辞書編集家が行う、<u>語の意義の歴史的変化を体系的に研究する学問</u>。（2）<u>言語的記号linguistic symbolその他の記号に人間がいかに反応するかを研究する学問</u>。一般意味論では常に（2）の意義で用いる。
　　　　　（『思考と行動における言語　原書第四版』岩波書店　2002年　裏4ページ
　　　　　　　　　　　　　　　　　　　　　　　　　　　　施線は引用者）

ここでも言語、記号と人間の反応、行動についての関係で一般意味論が定義されている。
　さて、一般意味論の根本原理については、先に述べた、提唱者A．コージブスキーが挙げているものを紹介したい。井上尚美が述べている。

　　コージブスキーは、一般意味論の根本原理として次の三つをあげている。
　（１）非同一（non-identity）の原理
　（２）非総称（non-allness）の原理
　（３）自己反射（self-reflexiveness）の原理
　　これは言いかえると、それぞれ次のようになる。
　（１）「地図は現地ではない（コトバは、それが指示するモノそのものではない）」
　　これは本来ならば（２）の原則に含まれるものであるが、コージブスキーが（１）を独立させた意図は、次のとおりである。すなわち、ただ言語が事実とちがうというだけではない、大切な点は、言語が神経系の機能に影響を与えるという点である。人々はまるで、コトバ＝モノのように振舞う。それを避けるには「外在的」（extentional）な考え方をしなければならない。外在的に考えるとは、モノそのものを見通す、すなわちモノ（コト）の独自性に気づき、「変化」を認識するということである。
　（２）「地図は現地のすべてを表すものではない（コトバは何事につけてもそのすべてを言いつくすことはできない）」
　　私たちの認識は限界があって、もののすべてを認識することはできない。また、どんなに定義を重ねても、ものを完全に表現しつくすことはできない。私たちが何かを認識し、それをことばで表すということは、すでに現実を抽象していることになるのだが、そこには必ず見落とされたこと、言い残したことが存在する。抽象の裏には捨象があるのだ、ということを忘れてはならない。

（3）「地図は、それ自身の地図を含む（コトバについてのコトバについての……コトバを語ることができる）
　地図についての地図は、はじめの地図とは次元がちがう。また地図の地図は第三次の地図だ。同様にモノについてのコトバ、コトバについてのコトバというように無限にさかのぼることができる。
（『国語教育・カウンセリングと一般意味論』明治図書　2002年　18‐19ページ）

　このような根本原理がどのようにカウンセリング理論に役立つのか、見ていこう。
　上記、井上尚美の文章の中（2）において、「抽象」というキーワードが出てくる。「現実を抽象」する様々な段階を一般意味論では「抽象の段階」という用語を使うのであるが、福沢周亮は次のように述べる。

「この子はわがままだ」
「この子が学校へ行きたがらないのは、担任の先生が厳しすぎるのだ」
などのクライエントの認識は、いくつかの段階を通って出てきた結果である。したがってそこには、そのような結論を出すには資料が不足していたり、類推が入っていたり、感想が入っていたりする。しかも、「だ（である）」で結んでいるため、そのレッテルをきわだたせてしまっているという問題ももっている。
　そこで、カウンセラーとしては、クライエントに、通ってきた段階を検討させ、実際の出来事とそれについての叙述とを区別させ、改めて事実について検討させるということを狙うのである。（中略・引用者）
具体的に、「この子はわがままだ」を取り上げてみよう。
　当然、クライエントが「わがまま」と判定するに至った状況の説明が行われることになるが、それについて、
「年上の子と遊んでいる時はどんな遊びをしていますか」や
「友達は何人いますか」
のような、一つ一つの事実を押さえる質問をすることがポイントの一

つになる。こうすることで、「わがまま」であるのはどんな時か、だれに対しても「わがまま」であるのかが検討されるのである。
　その結果、「わがまま」というような抽象の段階が高くて短いことばでは表しきれない面があることに気づかせ、「この子」についての再検討をさせることになれば、成功と言える。それまでのクライエントがもっている「この子」についての認知像を変えさせ、更に「この子」への態度をも変えていこうとするところに、その意図があるからである。
　　　　　　　　　　　　　　　　　　（同上書　150 - 151ページ）

　ここで福沢が述べたことは、各カウンセリング流派に関係なく、カウンセラーがクライアントにする質問での「抽象の段階」についてである。
　次に、2つのカウンセリング流派における一般意味論の位置について述べてみたい。
　まずは、ペムバートン（Pemberton, W. H.）による非指示的な心理療法である。この方法の直接の目的は、クライエントの叙述の中にあるゆがみ（distortion）を、カウンセラーの鏡映反応（mirrored response）によって非指示的に直すことである。福沢周亮は述べている。

　　クライエントのゆがみは次のように分類される。
　①人（だれが）、対象または状態（何を）、場所（どこで）、時（いつ）に関して、明確さを欠くためのゆがみ。
　②次のようなありふれた仮定について、疑うことを欠いているためのゆがみ。
　　a　普遍性（universality）われわれはまったく同じように知覚し評価すると仮定すること。
　　b　完全性（allness）どんな知覚も、また評価も必ず完全であると仮定すること。
　　c　不変性（sameness）われわれが知覚または評価するものは変化しないだろうと仮定すること。

d　二分法（dichotomy）知覚または評価する場合、とられるべき道が相互に排他的な二つのみであると仮定すること。
③評価者が、反応として、人・対象・場面から抽象された価値についての特徴を指示することの失敗、すなわち、リファレントの誤った配置によるゆがみ。
　一方、カウンセラーの鏡映反応は次の三つに分けられる。
①クライエントの主張を弱める（diminish）もの（DIMと略す）。これは一般に修正したことばを入れる。
②その主張に関して中立的（neutral）なもの（NEUと略す）。
③その主張を強調する（accentuate）もの（ACCと略す）。これはクライエントの主張の中にある誇張を指摘する。
　非指示的な方法であるため、カウンセラーは指示をしない。クライエントの感受性の程度や防衛の性質をみて、三種の鏡映反応のどれかを使うのである。
　　　　　　　　　　　　　　　　　　　　　（同上書　152ページ）

　つまり、「クライエントのゆがみ」を探し出して、それを「非指示的な方法」、すなわち「鏡映反応」というもので直していくというもので、この「クライエントのゆがみ」を直す過程で一般意味論の根本原理が生きると考えるのである。
　一方、指示的カウンセリングの1つである「論理療法」と、一般意味論との関係について触れてみよう。
　「論理療法」とは、エリス（Ellis, A.）が開発した心理療法である。客観的な出来事（例　落第、失恋、離婚）が人を不幸にするのではなく、そういう事態をどう受けとめるかという考え方（ビリーフ）が人を不幸にするのだという理論である。エリス自身も一般意味論の影響を認めているが、ここではその影響を解りやすく書いた、國分康孝の文章を紹介する。

　　一般意味論がカウンセリング理論として、最も取り入れられているのは論理療法である。作業療法や音楽療法を除き大部分のカウンセリ

ングには、言語的コミュニケーションは不可欠である。ゆえに、どういうことばが人を活かすか、人の生を奪うかは研究に値するテーマである。この研究を続けているのが一般意味論である。一般意味論は、要するに「よいことばとは、もの自体を正しく表現していることばである」という説である。ことばは地図、もの自体は現地、よいことば（地図）とは現地を正しく表現していることばである。たとえば、「父は私の結婚に反対した」というよりも「父は私を手放したくなかった」ということばのほうが父の心情という現地（父の心理）を正しく表現しているのではないか。一般意味論ではそう考える。

　論理療法ではビリーフの説得が主になるが、ビリーフとは心の中の文章記述である。ゆえにビリーフを修正するとは、現地を正しく表現していることばに修正するということである。それゆえ、論理療法は一般意味論の応用法ということになる。

（『論理療法の理論と実際』誠信書房　1999年　8ページ）

　「ことばは地図、もの自体は現地」など、一般意味論との関係のわかる言葉があり、論理療法は「ビリーフの説得」、つまりビリーフを「現地を正しく表現していることばに修正する」カウンセリングであることがわかる。この場合の「ビリーフ」とは、先のペムバートンの「クライエントのゆがみ」とほぼ類義語と言ってよい。

　以上、指示的にしろ非指示的にしろ、一般意味論がある種のカウンセリング理論や技法に影響していることをこれまで述べてきた。

第2節　「一般意味論」と国語科教育の関連

　第1節において、第一章で述べた「説得」に関連する「カウンセリング」と一般意味論との関連について述べておいた。本節においては、一般意味論が小学校・中学校の国語科教育においてどのように児童・生徒に指導され、その指導上どんな課題があるのかを述べていく。

　わが国では一般意味論は大久保忠利による訳、S. I. ハヤカワ著『思考と行動における言語』（岩波書店　1951年）によって紹介された。

　この著作は各分野に様々な影響を与えたが、特に学校教育における実践についてこれから述べる。

　その後、横山親平は高校の実践において一般意味論の原則について授業実践を行う。（『コトバは凡てではない』中央経済社　1961年）

　1970年代には井上尚美が一般意味論の指導計画の試案を示した。なお、対象としては小学校高学年以上としている。

　　A　地図は現地ではない
　〈ねらい〉
　　1　われわれの言語習慣についての反省。
　　　　ことば⇄思考⇄行動⇄
　　　　の関係を知ること。
　　2　毎日の生活の中で、「ことば」と、それがさし示している「もの」そのものと混同することが、いかに多いかということを自覚させること。
　　3　常に、ことばの背後にある事実そのものに目を向けること（事実第一主義、観察第一主義）の重要性を理解させること。
　〈扱い方の例〉
　　　イ　ことばの理解の不十分なことが原因となって生じた誤解の例を

出し合ってみましょう。
　ロ　「地図」と実際の土地（町その他）との違いを挙げてみましょう。
　ハ　ことばと「おかね」との共通点を考えてみましょう。
　ニ　自分の名前のいわれを言ってごらんなさい。
　ホ　自分の持ち物の中で、何かのシルシ（シンボル）と思われるものを挙げてごらんなさい。
　　　（例、バッジ→学級委員のシルシ）

B　報告―推論―断定
〈ねらい〉
　1　観察した事実をそのまま記述した「報告」と、それにもとづく「推論」、さらに価値判断を入れた「断定」とを区別させること。
　2　われわれが事実そのものの記述と思っていることの中に推論や断定が忍び込んでいるということを自覚させること。
〈扱い方の例〉
　イ　みんなの知っているものごと（教室、受持ちの先生など）について、できるだけ自分の考えを入れないで（客観的に）記述してごらんなさい。次にそれをお互いに交換して、その中に推論や断定が含まれていないかどうかを話し合ってみましょう。
　ロ　一人の生徒が、授業開始後十五分たってから教室に入ってきました。そのことについて述べた次の三つの文を比較してみましょう。
　　（1）「彼は遅刻した」
　　（2）「彼はだらしない子どもだ」
　　（3）「彼は寝坊したにちがいない」
　ハ　次の文で表されていることがらが、正しいといえるための根拠となる材料を想像して、五つ考え出しなさい。ただし、「彼」自身の発言を入れてはいけません。
　　（1）彼はウソつきだ。

第二章　「一般意味論」指導の意義と作文指導

（２）彼は優等生だ。
　　　（３）彼は勇敢な少年だ。
　ニ　新聞の投書を一つとりあげ、そこで述べられている文を「報告」「推論」「断定」に分類してごらんなさい。
　ホ　あることがらについて起こった「うわさ」の例を話し合いましょう。（原因、広がり方など）

C　抽象の段階
〈ねらい〉
　１　ことばには、具体的な個物を表す語もあるし、一般的な一つの「類」を表す語もあり、さらに形のない抽象的な観念を表すものもあるということを理解させる。
　２　話し合いや討論のときなど、抽象の次元が食い違うと論がうまくかみ合わない。そのようなときに、抽象度の低いレベルで具体的に話すことがたいせつだということを理解させる。
　３　抽象度の高いことばを使うときには、とくに注意するという態度を養わせる。
　４　抽象⇄具体の往復作業ができるようになることが、柔軟な思考には必要だということを理解させること。
〈扱い方の例〉
　イ　次の一組のことばを、抽象度の低いものから高いものへ、または特殊なものから一般的なものへと順に並べかえてみましょう。
　　　（例、土佐犬→犬→哺乳類→動物）
　　　（１）魚、フナ、淡水魚、生物
　　　（２）乗物、国産（自動）車、トヨペットクラウン、自動車
　ロ　話し合いのときなどに次のような意見が出たとき、私たちはどういう態度をとったらいいと思いますか。
　　　（１）『いまの生徒会のあり方は「非民主的」だ』

（2）『「教育」なんて役に立たない』

D　ものの独自性を見よ
〈ねらい〉
　1　われわれがものごとに名前をつけるのは、それを他のものから区別して「分類する」ことにほかならない。すなわち、$a_1 \, a_2 \, a_3$……a_nから共通な性質を引き出してそれをAと名づけるのである。一方、そういう「共通性」と並んで、一つの類（クラス）のメンバーであるおのおのの個物には、そのものだけがもっている「独自性」があるはずである。ところがわれわれには、あるものを分類しそれに名前をつけると、とかくその共通性だけに目を向け、その個物の独自性、他との差異性には注意を払おうとしなくなる傾向がある。そのために、よく「十把一からげ」的な発想（「大人ってみんな……」「近ごろの学生は……」）をするようになるということを理解させる。
　2　また同一物でも、時々刻々に変化していく面があるということを認識させる。
〈扱い方の例〉
　イ　日常生活の中で、区別のつきにくいものに番号をつけて利用している実例を捜してみましょう。（例、ところ番地、背番号、座席の番号など）
　ロ　あるものごとについて、いまはそれがよく区別できるが、以前そのことをよく知らなかったときには区別できなかったという経験があったら出し合いましょう。（例、自分が転校したてのときのクラスメートの顔と名）
　ハ　「このクラスの者は、このごろだらしがない」と言われたら、クラスの一員であるあなたはどう思いますか？（性急な一般化の例）
　ニ　成績の悪かった少年がりっぱな偉人になった例を話し合いまし

第二章　「一般意味論」指導の意義と作文指導

ょう。
　ホ　次のａｂの表現をくらべてみましょう。（Ｂの「断定」とも関連する）
　　　　⎡ ａ 「私はダメな人間だ」
　　　　⎣ ｂ 「私は入試に三回失敗した」
　　　　⎡ ａ 「彼は犯罪者だ」
　　　　⎣ ｂ 「彼は十年前に一度盗みをしたことがある」

Ｅ　ことばですべては尽くせない
〈ねらい〉
　1　われわれの観察はいつもその範囲が限られている。したがって常に見残し、見落としがあるということを意識させる。
　2　独善的、閉鎖的、自己本位な態度を避け、けんそんな態度をとることの必要性を自覚させる。（「自分にはわかりません」「それについてもっと話してください」「ちょっと待ってください、もう少し調べてみましょう」）
〈扱い方の例〉
　イ　次のことばの定義をしてごらんなさい。そのあとで各自の定義を比較して、その不十分な点を話し合ってごらんなさい。
　　　　エンピツ　　家庭　　机　　カバン
　ロ　茶筒を真上から見てごらんなさい。どんな形ですか？　真横から見ると？――同じものでも見る角度が違うとずいぶん違って見えるものですね。
　　　あなたのきらいなお友だちについてはどうですか？　何か好きになれそうな点は発見できませんか？
　　　あなた自身の長所・短所をできるだけ挙げてごらんなさい。
　ハ　教室内にあるものを一つ取り上げて、皆で写生してみましょう。そして、その特徴（またはそのものから連想することがらなど）をできるだけ多く箇条書きにしてごらんなさい。そして、あと

で互いに交換し合って、観察（または連想）の違いなどを話し合ってみましょう。
　ニ　毎日通っている学校から家までの道で何か新しいことがらを十個見つけてごらんなさい。
　ホ　リンゴ、時計など、何か一つのものについて、友人と順番に一つずつ観察したことを話してみましょう。話せなくなった方が負けです。

F　黒か白か（二値的考え方から多値的考え方へ）
〈ねらい〉
　1　二値的考え方というのは、ものごとを白か黒か、良いか悪いか、敵か味方かというように、排他的な二つの極に分類して考えることである。それに反して多値的考え方というのは、この二つの極の間にさまざまな度（程度）があることを認めようとすることである。われわれは興奮して感情的になると、とかく二値的に考えがちである。しかし心にゆとりをもち、冷静に考えるときは、多値的に考えることができる。そこで、冷静に考え冷静に話し合うことによって、考え方を柔軟にし、妥協し、意見を修正していくこと、価値の多元性を認めることの重要さを認識させる。
〈扱い方の例〉
　イ　次のことばの反対語を挙げてみましょう。
　　　黒　　重い　　金持　　暑い
　ロ　「暑い―寒い」について考えてみましょう。この二つのことばの中間に入るようなことばはありませんか？（涼しい、暖かい）イの他のことばについてはどうですか？　その度合いを科学的なスケール（ものさし）で測れるでしょうか。（30℃とか5㎝、3gなど）
　ハ　「生と死」のように、はっきりと二つにしか分けられないよう

第二章　「一般意味論」指導の意義と作文指導　53

　　　　な（中間の第三者を入れる余地のない）ことがらを挙げてみま
　　　　しょう。（これは論理学では矛盾概念と呼ばれる）
　　ニ　私たちの社会生活では、二つの対立する見方に分かれることが
　　　　いろいろあります。それらの例を挙げて話し合ってみましょう。
　　　　（例、政府と野党、東西両陣営の対立など）
　　ホ　ここで学習したことにもとづいて「絶対に」とか「～以外には
　　　　ない」などという表現について話し合ってみましょう。
　　　　　　　　（『一般意味論』河野心理教育研究所　1974年　104－112ページ）

　井上の指導計画案を検討した有働玲子によると、一般意味論をはじめて説いた教科書教材は「ことばと事実」(教育出版・小五下・福沢周亮著)であり、1977年のことであるとのことである。(「「一般意味論の一考察」『国語科教育』第31集　全国大学国語教育学会　1984年　86ページ) その後、小学校・中学校の各国語科教科書で一般意味論の教科書教材が採用されることになる。
　大西道雄は「短作文指導カリキュラムのための基本的指導事項」を提案し、その指導事項の内容を、大きく〈言語要素系〉〈コンポジション系〉〈レトリック・一般意味論系〉〈場に応じて書くことの技能系〉の４系と〈語のレベル〉〈文のレベル〉〈文章（段落）のレベル〉の３つのレベルで構成した。(『短作文指導の方法』明治図書　1980年　55ページ)
　大内善一は、「実用的な機能を備えた文章」を書く際に求められる共通の「作文技術」について、次のように述べ、その中で一般意味論について触れている。

　　その一つは、「事実」を主観を交えないでより正確に伝達する技術
　　である。これは、「事実」をして語らしめる技術である。それは、や
　　さしいようで意外と難しい作業である。
　　　本来、「事実」は、それが文章に変換されたときには、すでに「事
　　実」ではない。このことは、「一般意味論」で言うところの、「地図は
　　現地ではない」(中略・引用者)という命題が明らかにしている通りで

ある。
　我々が言葉でできるのは、その「事実」があったという「報告」だけである。その「報告」に余計な推論が交じると、その分その「報告」は、「事実」を歪めていることになる。したがって、「事実」の「報告」に余計な推論を交えないで述べることが殊の外難しい作業となるのである。ここに確かな作文技術の行使が求められることとなる。
　　　　　　（『思考を鍛える作文授業づくり』明治図書　1994年　28ページ）

　ここまでで学べることをまとめてみる。
　それは、井上尚美によって、指導事項が事例付きで整理されたため、指導者が一般意味論の根本原理そのものを児童・生徒に指導することも、また、指導事項を参考にして大西道雄や大内善一のように、主に作文教育に応用できるという点である。
　課題として考えられるのは、井上尚美が示した指導事項を教科書教材化した場合、たいてい言語事項教材か説明的文章教材になることが多く、それもあまり時間をかけて指導できない傾向、そしてその指導事項がどのくらい学習者にとって興味をもって学習できるものなのかという疑問である。
　井上尚美は、一般意味論の指導を含めた「思考指導」の問題点について、「とりたて指導」の有効性を疑問視している。（『思考力育成への方略』明治図書　1998年　41ページ）

第3節 「トゥルミンモデル」と学習者の論理構造の発達

　ここまで一般意味論と国語科教育との関係を述べてきた。問題は井上尚美が学習者の対象として「小学校高学年以上」としていることが、妥当性があるかどうかということである。

　そこでこの節では、一般意味論と関係のある「トゥルミンモデル」について述べ、学習者の認知の発達をその「トゥルミンモデル」から説明することによって、一般意味論の指導対象年齢・学年についての知見を得ることにする。

　「トゥルミンモデル」とは、トゥルミン（Stephen Toulmin）が提案した、議論を精密に行うためのモデルである。井上尚美は次のように説明している。

　　議論や論証の型としてよく用いられるのは、「演繹（えんえき）型」と「帰納型」である。（中略・引用者）
　　どちらの型の場合でも、受け手を納得させるために必要不可欠なのは、結論となる主張とそれを裏づける理由やデータや条件である。
　　これらを図示すると、図1のような構造になる。小・中学校段階ではこれで十分であろう。

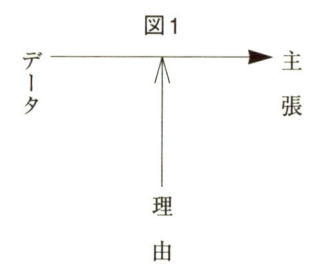

図1

データ ───→ 主張
　　　　↑
　　　理由

　しかし、論を精密に行うには、これだけでは不十分である。この点

について、現代イギリスの分析哲学者トゥルミン（S. Toulmin）の考えたモデルは、なかなか面白いと思うので、それについて少し説明する。

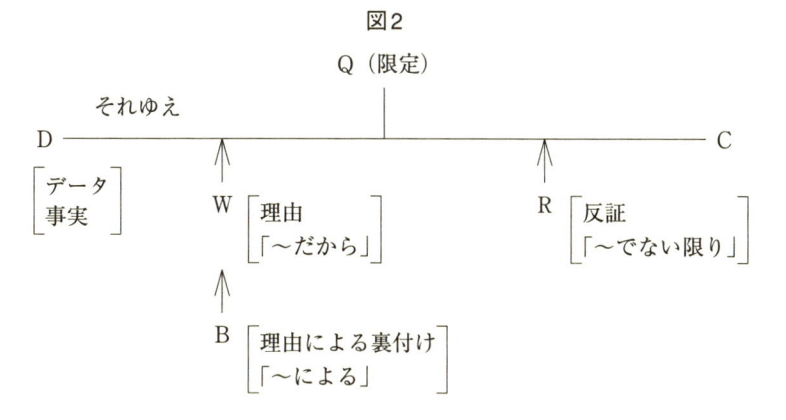

図2

```
                    Q（限定）
         それゆえ     ↑              ↑
  D ─────────────────┼──────────────┼───────── C
 ┌データ┐         W ┌理由    ┐   R ┌反証       ┐
 └事実 ┘           └「～だから」┘    └「～でない限り」┘
                    ↑
                  B ┌理由による裏付け┐
                    └「～による」   ┘
```

　トゥルミンによると、論の正否は、文（命題）と文との並べ方や組立て（レイアウト）の方法にある。論理学の祖アリストテレスは「大前提→小前提→結論」という並べ方をしているが、これでは不十分だと彼は述べている。ある主張C（claim, conclusion）がなされるためには、それを支える根拠としてのデータD（data）が必要であり、更に、どうしてDからCが主張できるのかという理由づけW（warrant）がなければならない。しかしこれだけではまだ十分でなく、その理由の確かさの程度を示す限定Q（qualifier）、反証（「～でない限りは」）を示すR（rebuttal）、Wを支えるための、理由の裏づけB（backing）がつけられる。以上が彼の示す「論証の型」で、彼は「法学」を参考にしてこのモデルを思いついたと述べている。

　　　　　　　　（『思考力育成への方略』明治図書　1998年　68－69ページ）

　このトゥルミンモデルと、一般意味論との関係について、中村敦雄が次のように述べている。

　ここで、「コトバの魔術論」を含めた一般意味論の理論そのものの

特徴を明らかにしておく。『増補改訂哲学・論理用語辞典』(三一書房 1975年) によれば、一般意味論とは、「文法とレトリック（修辞法）と日常的論理学を一まとめにして高度に発展させた学問 (p.16)」である。ここに挙げられたような諸理論を土台として成り立っているという特徴は、「コトバの魔術」論にも当然あてはまる。

　ゆえに、土台となっている理論の一つである日常的論理学の新たな研究成果であるトゥルミンモデルを、「コトバの魔術」論に更に加えることは容易である。

（『日常言語の論理とレトリック』教育出版センター　1993年　108－109ページ）

　中村のこの論は妥当であろう。そこで、このトゥルミンモデルをもとにして、児童・生徒の発達を検討していくことにする。
　ところで、児童・生徒の論理の発達について、ピアジェ (Piaget, J.) の論を考慮しないわけにはいかない。子どもの推理がどのようなものか、現在においても国語科教育だけでなく様々な分野に影響を与えている。

　　子どもの思考が、拡大的帰納によって行われるのでもなく、個別的命題を立証するために一般命題に訴えることで行われるのでもなく、個別から個別へと進み、その推理がけっして論理的必然性をしめさないということを、シュテルンは転導と名づけた。たとえば、太陽が生きているかどうかたずねられる7歳児は、「はい」——「なぜ？」——「だって、太陽は、動いている（前へ進む）んですもの。」と答える。しかし、どんなときにも、「動くものはすべて、生きている」と言うことはない。一般的命題に訴えることは、まだないのである。(中略・引用者) さっきの例では、規則は、「動くものはすべて、生きている」ことではありえない。というのは、動いているある種のものは、たとえば雲のように、無生物だと考えられているからだ。(「だって、風が、雲のあと押しをするんですもの」だから、雲は、自動的ではない。)要するに、子どもは、その推理の中では、個別的なケースの上で処理

するが、論理的必然性には達しない。そういう点で、子どもの推理は、転導的なのである。

（『判断と推理の発達心理学』滝沢武久・岸田秀訳　国土社　1971年
251－252ページ　施線は引用者）

　7、8歳から11、12歳にかけての子どもの推理は、きわめて明確な性格をしめす。現実の信念に結びついた推理、つまり直接観察に結びついた推理は、論理的である。だが、形式的推理は、仮定つまり、必ずしも信じられないような命題を相互に結びつける。しかし、それらの命題に含まれる結論が何であるかを見るために、命題を受け入れるのである。

　反対に、11、12歳ごろになると、子どもの思考の様相は、だんだんと、わたくしたちのようなもの、少なくとも、無教養なおとなのようなものになる。(中略・引用者)

　形式的思考は、11、12歳ごろに、つまり、子どもが純粋に可能なものの上で推理するに至る時期に、はじめて出現する。実際、形式的に推理するということは、推理の前提の正当さを論議せずに、これをただ与えられたものとしてのみ、みなすということだ。そこではじめて、推理の結論に対する信念が、演繹という形で、根拠づけられることとなる。

　それ以前には7、8歳から11、12歳までの子どもの思考の中でさえも、演繹は、けっして純粋ではない。つまり、演繹の価値についての信念は、それ自体として考慮された前提や結論の価値についての信念に、結びついたままなのだ。実際7、8歳以前には、何らの論理的含意も意識化しない。思考は、あい変わらず、実在論的であって、推理が演繹の外観をとるときでさえ、子どもは、いつも、ほんとうの現実だとみなされた「内的手本」をみつめつつ、推理する。それは、純粋な思考実験である。

　6、7歳の子どもの「にせの仮定」は、この型である（「もしわたくしが天使さまで、羽を持ち、もみの林の中を飛ぶとするなら、リスは、

逃げ出しますか、それともそのまま残っていますか？）。7、8歳から11、12歳にかけては、仮定の上でなく信念の上で、推理が行われるときには、つまり、推理が観察そのものに結びついているときには、たしかに、含意が意識されている。だが、演繹は、まだあい変わらず実在論的である。

　つまり、子どもは、前提を信ずることなしに、その前提について推理することができない。あるいは、少なくとも、子どもが、自分自身のためにつくる仮定について、暗黙のうちに推理するにしても、子どもに提出された仮定については、推理できないのである。11、12歳になってはじめて、どんな仮定についても、純粋演繹という難しい操作ができる。　　　　　　　　　　　（同上書　268－269ページ）

　11、12歳以前には、実在と非実在しか存在していない。たしかに、物理的可能性の次元は存在するのだが、論理的可能性の次元は、存在しないのである。反対に、11、12歳ごろになると、社会生活が、新しい飛躍をなしとげる。このことは、明らかに、その結果として、子どもたちを、いっそう大きな相互理解へと導くこととなる。そしてそれ以来、自分たちが分有していないような観点に、たえず自分を位置づける習慣をもつようになる。　　　　（同上書　270ページ）

　こうした知見を踏まえつつ、次にトゥルミンモデルを取り上げて子どもの論理発達の実態を研究した、岩永正史の論を概観する。これは、小学校4年生、6年生、中学校2年生の学習者に説明文教材を提示して、教材の論理構造と読み手の理解との関係について臨床的に研究したものであり、そこから得られた知見を元に、次のように述べる。

　　6年生が論理構造に対して敏感なのは、要点読み取りの力が伸びるために、筆者の描いた論理構造がとらえやすくなるからだと考えられる。ところが、中学2年生になると、要点をそのまま受け取るのではなく、（ときに屁理屈に陥ることはあるものの）「事実」やそこに用い

られる語句を批判的に検討するようになる。
（「説明文教材の論理構造と読み手の理解」『言語論理教育の探求』井上尚美編
東京書籍　2000年　224ページ）

　重要になるのは、教科書教材の論理構造である。検定によって、教科書の内容はおおむね誤りのないものになっている。そのため、「事実」から「主張（意見）」が導き出されるだけの構造でも、特に問題がない場合が多い。これはこれで、教科書の信頼性の証にはなろうが、学習者の論理的思考を精緻化する点からは、望ましいことではない。学習者が「おやっ？」と思い、論証を求めずにいられないような新奇な「主張」、「主張」に対するしっかりした「論証」、こんな条件がそろった説明文教材が必要になる。学年ごとにより詳しく述べるなら、4年生では、「事実」と「理由づけ」がはっきり区別されたもの、6年生では、「反証」を伴うもの、中学2年生では「理由の裏づけ」や「限定」にまで触れたもの（これらによって、彼らの、「事実」や「理由づけ」に対する批判に応える論理構造ができあがる）となろう。
（同上書　225－226ページ）

　ここまで述べたことを、もう一度前掲のトゥルミンモデルの図を示してまとめてみよう。

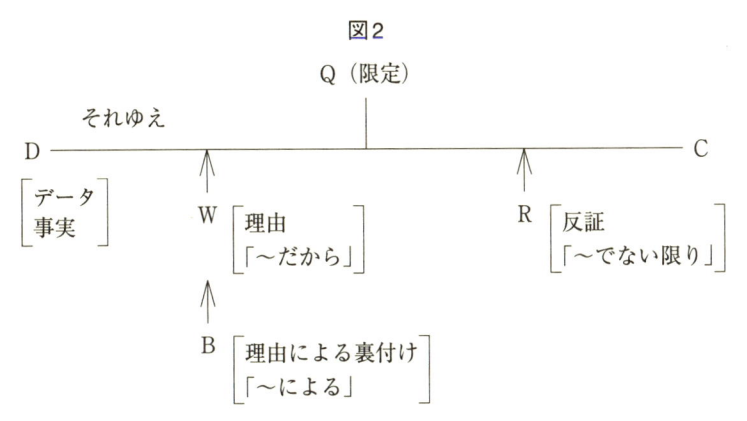

図2

```
                    Q（限定）
        それゆえ      │
D ─────────↑──────────↑───────── C
┌─────┐     W ┌─────┐   R ┌──────────┐
│データ│       │理由 │     │反証      │
│事実  │       │「〜だから」│     │「〜でない限り」│
└─────┘       └─────┘     └──────────┘
              ↑
           B ┌──────────────┐
             │理由による裏付け│
             │「〜による」    │
             └──────────────┘
```

第二章　「一般意味論」指導の意義と作文指導

幼児の論理構造はピアジェの言う転導推理の状態であるが、次第に論理構造を発達させていく。
　岩永によれば、小学校4年生に必要なのは、D（「事実」）とW（「理由」）とをはっきり区別した説明文教材ということだが、逆に言えば、D（「事実」）とW（「理由」）の区別が困難な4年生も想定されるということである。小学校4年生の論理構造、あるいは論理構造の課題は、井上尚美が示した前掲図1のようになるだろう。

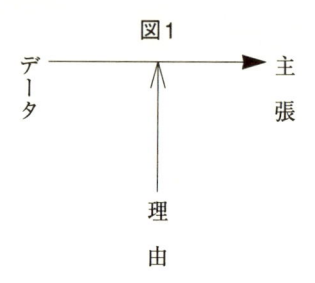

図1

データ　　→　　主張
　　　　↑
　　　　理由

　さて、これが小学校6年生になると、図3のようにR（「反証」）を伴う論理構造、あるいは論理構造の課題となる。

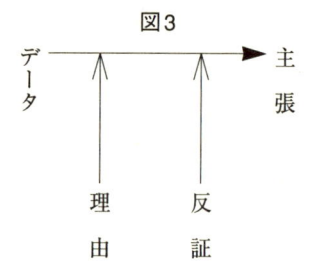

図3

データ　　→　　主張
　　↑　↑
　　理由　反証

　中学校2年生ともなると、ほぼトゥルミンモデルと同様の論理構造となるが、これとて個人差があろう。まずはこの6年生の論理構造を念頭におきたい。
　このモデルと、「説得」に関わるカウンセリングとの関係は、第四章第2節で述べるとして、ひとまず一般意味論についての論述を終わることにする。

第三章　インベンション指導と「説得するために書く」作文指導との関連

第1節　これまでのインベンション指導の成果と課題

　この章全体としては、いったんこれまでの一般意味論やカウンセリングに関する論述を離れて、作文そのものの書くべき内容の創出に関わる「インベンション」指導研究の成果を概観し整理していき、本研究の課題「説得するために書く」こととの関連を論じていく。
　この節では、これまでの「インベンション」指導研究の成果を概観する。インベンションとは何か、田中宏幸は述べている。

　　「インベンション」は、そもそも「古典修辞学」の用語である。「古典修辞学」は、紀元前五世紀ごろ古代ギリシアに始まり、アリストテレスによって体系的形態が整えられ、その後、古代ローマにおいて集大成されたものである。(中略・引用者)
　　……「構想・配置・構文・記憶・所作」という五大部分の最初に位置づけられていたのが「インベンション」である。(中略・引用者)
　　①inventio（invention）〔発想、構想、立案、発見〕
　　②dispositio（disposition）〔配置、整理、配列〕
　　③elocutio（elocution）〔修辞、躰製、文躰、文体、表現術、表現法〕
　　④memoria（memory）〔記憶〕
　　⑤actio（action）〔発表、発音、演述、所作、話術、発声〕
　　ところが、この「インベンション」は、右のように多様に訳されていることからも推察されるように、その概念は必ずしも明確ではない。(中略・引用者)大西道雄氏は、「創構」という訳語を採り、「インベン

ション」は「構成」にも関わるものであり、「思想（アイデア）の創出とその組織化」（『意見文指導の研究』一九九〇年三月、渓水社、二頁）である、と定義づけている。いずれにしても、〈disposition〉との境界があまりはっきりしないのである。(中略・引用者) 私自身は、大西氏の指摘するように、〈構成・配置〉や〈修辞・表現〉とも密接に関わるものとして捉えておいた方が実際的であると考えているが、一義的な訳語をあてるとかえって誤解されそうなので、以下、原語のままで用いることにする。

（『発見を導く表現指導』右文書院　1998年　7－9ページ　施線は引用者）

　筆者も田中にならい、「インベンション」の定義を「思想の創出とその組織化（構成・配置・修辞・表現）に関わるもの」としておく。

　さて、インベンション指導の歴史、特に1960年代から1990年代初頭については、既に田中宏幸が前掲書によって整理をしているので、この年代については田中が理論史及び実践史から導き出したものを本節で紹介する。さらに、筆者は次の研究についても述べる。

・柳沢浩哉「国語教科書におけるインベンションの研究」
　　　　　　　　　　　　　（『文教大学国文』文教大学国語研究室　1989年）
・大内善一『思考を鍛える作文授業づくり』　　　（明治図書　1994年）
・齋藤孝『三色ボールペン情報活用術』　　　　　（角川書店　2003年）

　田中宏幸は、インベンション指導の理論史研究において、川喜田二郎・樺島忠夫・梅棹忠夫・倉澤栄吉・野地潤家・波多野完治・木原茂・田近洵一・大西道雄の論文や著作を詳細に検討して、「先人から学びうるインベンション指導の方法」を6点に整理した。

　　一つは、「KJ法的発想」である。「ブレーンストーミング」と「カード化」によって、従来、個的な内的作業と見られていた発想生成の

仕組みが方法化され、分析・類比・対立等の思考を可視的な作業として、集団で行えるようになった。これによってお互いの発想を交流することが容易になったことは注目すべきことであろう。教室においても大いに生かしたいことである。

　二つは、「記述前の構想指導」に生かせる指導法が明らかにされたということである。「アウトライン法」や、「カード」による構想指導を展開することによって、文章の組み立て方に変化を持たせるだけでなく、新たな発想を生むことが可能になった。

　三つは、「短作文指導」の提案が示唆してくれる方法である。短作文指導は、書くことに対する抵抗感を軽減するとともに、指導者側の処理の負担を軽減し、「書く場」を日常的に設けることを容易にした。また、「書き出し」や「書き納め」を提示することで学習者に「書く内容」を発見させるという方法が効果的であることを明らかにした。こうした短作文指導の成果を大いに生かしたい。

　四つは、「場」の設定の果たす役割である。どういう相手に、何を伝えるように「書く場」を設定するのか、書くことに必然性を持たせることがいかに重要であるかを、私たちは常に意識しなければならない。

　五つは、大西道雄氏の明らかにした「キーワード」の有効性である。接続語句や内容語句を適宜与えることで、「想」の深まることが実験授業で検証されてきた。これを、今後のインベンション指導に大いに活用したい。

　六つは、個に即した「題目」を提示するという「着眼点の指導」である。学習者の胸の中でもやもやとしていたことが、「何か」をきっかけにして明確に浮かび上がってくるということがある。この「何か」にあたるものの一つが、指導者の与える「題目」である。

　　（『発見を導く表現指導』右文書院　1998年　38－39ページ　施線は引用者）

田中はさらに、実践史研究として、大村はま・福岡教育大学国語科研究

第三章　インベンション指導と「説得するために書く」作文指導との関連　65

室・松金進・柳瀬真子・池垣武郎・内藤利信の実践を詳細に検討し、「実践から示唆されるインベンション指導の方途」を次の11点に整理した。

《授業以前から課題の提示まで》
①いかにして生徒の「内的緊張感」を高めておくかという問題がある。学習者に知的好奇心を持たせ、学習に主体的に取り組む姿勢を育てておかなければ、いかに優れた方法であっても、その効果は半減してしまう。大村はま氏のように、適切な時期に予告をし、各自が題材を探す時間を確保しなければならない。内的熟成の時間を確保することが肝心なことであろう。
②「課題の与え方」に工夫を凝らすことである。その際、生徒の目の位置から発見した題材を教師側が用意しておくことが必要となる。そして、その題材は、生徒自身の課題に転化でき、さらに発想を揺さぶられるようなものでありたい。
③文字や音声の少ない「映像」を積極的に教材化したい。（中略・引用者）

《発想・着想段階》
④「ブレーンストーミング」を有効に生かしたい。連想語彙を書き上げさせたり、いったん討議をさせてから思いつく内容を書き上げさせたりしたい。（中略・引用者）
⑤思考の展開パターンを教えるという意味では、「パロディ作り」を生かすこともできる。範文の文型や文体を応用した文章を、楽しみつつ書かせることで、発想を広げ、かつ思考パターンを身につけさせることができよう。
⑥「定義や分析」「比喩や類推・対照」「関係づけ」など、基本的な思考法を実際に試みさせるのも、インベンション指導の大切な側面である。
⑦論理的な文章だけでなく、詩的な表現を楽しんだり、ファンタジーの創造を試みることも大事にしたい。（中略・引用者）

《構想・構成段階》
⑧「立場の転換」を意図的に指導することもインベンション指導の一つの方法である。(中略・引用者)
⑨虚構の作文を書かせ、三人称で自己を語らせるのも、一種の「立場の転換」であると言える。(中略・引用者)
《記述段階》
⑩「書き出し」の指導を効果的に行うことによって、書くべき内容を発見させることができる。
⑪大西道雄氏の言う「論理キーワード」や「内容キーワード」を与え、記述内容を導いたり、広げたりすることもできよう。

(同上書 56－59ページ 施線は引用者)

 ここまでで、田中がまとめたインベンション指導の研究成果をもう一度箇条書きに整理しておこう。
【理論史から】
①KJ法的発想。「ブレーンストーミング」「カード化」。
②課題の与え方。生徒の目の位置から発見した題材を教師側が用意しておくこと。その題材は、生徒自身の課題に転化でき、さらに発想を揺さぶられるようなもの。
③「短作文指導」の提案。「書き出し」や「書き納め」を提示すること。
④「場」の設定の果たす役割。
⑤「キーワード」の有効性。
⑥個に即した「題目」を提示するという「着眼点の指導」。
【実践史から】
①学習者に知的好奇心を持たせ、学習に主体的に取り組む姿勢を育てておくこと。
②生徒の目の位置から発見した題材を教師側が用意しておくこと。
　その題材は、生徒自身の課題に転化でき、さらに発想を揺さぶられるようなもの。

③「映像」の教材化。
④連想語彙を書き上げさせたり、いったん討議をさせてから思いつく内容を書き上げさせる。
⑤範文の文型や文体を応用した文章を、楽しみつつ書かせる。
⑥基本的な思考法を実際に試みさせる。
⑦詩的な表現。ファンタジーの創造。
⑧「立場の転換」を意図的に指導すること。
⑨虚構の作文。
⑩「書き出し」の指導。
⑪「論理キーワード」「内容キーワード」。

　田中の研究の他、柳沢浩哉、大内善一、齋藤孝の論についても触れておこう。
　柳沢浩哉は1980年代当時の現行国語教科書のインベンション指導を検討し、次のような提案をしている。

　　教科書に示された手順は、
　　　主題発見→材料の収集→材料の選択、配置
　　であるが、これに対し次の手順を提案してみたい。
　　　①題材の検討
　　　②主題（主張の発見）
　　　③材料の選択、配置
　　新しい手順のポイントは次の点である。
　　・題材を検討する中で、主題を発見する。（実際的には、①と②の作業を切り離すことはできない。）
　　・③では主題発見に使用した材料の中から適当なものを選び配列を考える。
　　その結果、次のような利点がある。
　　・主題の価値を検討できる。
　　・主題発見に使った材料をそのまま論証に使うため、主題と論証の

関係が乱れる危険性がない。
　この手順は、作業全体が主題を中心として展開する、主題中心の手順である。そして、この手順であれば、議論文を作成することも可能であり、主題をC、材料の選択・配置で検討されるものをD、Wと置くことができる。(引用者注：Cとはトゥルミンモデルにおける「主張」、Dは同じく「事実・データ」、Wは「理由」のこと)教科書の手順は材料中心であり、非議論文に対しては有効であるが、議論文には不向きである。これに対し、この新しい手順は、議論文に対して有効であるが、生活文のような非議論文に使うには煩雑である。両者を文章の種類に応じて使い分けるべきであろう。

（「国語教科書におけるインベンションの研究」『文教大学国文』第18号
文教大学国語研究室　1989年　40ページ　施線は引用者)

　これは、柳沢の言う「議論文」、すなわち第一章で筆者が述べた「対話」「説得」の作文の性質をとらえて、先行する「議論文」に対して学習者がどうインベンションを自己の内につくるか、そしてそれをどう学習指導過程の形にするかという点で、大変参考になる。
　大内善一は、「実用的な機能を備えた文章」を書く際に求められる共通の「作文技術」を抽出し、「発想」「実証」「論証」の3つの技術にまとめた。以下にその定義を述べる。

───　A　「発想」の技術　───
　さまざまな事物・事象・文献の中から価値ある問題（＝題材）を見つけ出し、これを〈疑問文〉の形で提示すること。

───　B　「実証」の技術　───
　価値ある問題を設定したり、明らかにしていくための必要な事実（観察・実験・調査の方法や結果）を集めて、それを客観的に提示すること。

> ── C 「論証」の技術 ─────────────
> 　一定の仮説（仮の意見）が正しいことを信頼できるデータ（書き手によって取捨選択された事実）及び推論や判断に基づいて明証的・整合的に論じること。

（『思考を鍛える作文授業づくり』明治図書　1994年　29ページ）

そして、それぞれの技術の教材を開発する着眼点を次のように示した。

(「発想」の技術)

> （1）漠然と感じたある種の問題をカードに書き取る。
> （2）問題を感じさせている「問題の場」を〈名詞〉形で書き表す。（問題の限定）
> （3）「問題の場」から取り出せる問題をいくつか思いつくままに〈疑問文〉の形で列挙する。
> 　※この時の〈てがかり〉になるものとして、澤田昭夫は、次のような五Ｗ一Ｈを挙げている。（『論文の書き方』1977年　講談社　126頁）

> Who（誰）……「誰がやったか」「誰がすべきか」「誰が必要としているか」「誰がもっているか」「誰がしてよいか」
> What（なに）……「何が問題か」「Aは何か」「Aはどういう意味か」
> Where（どこ）……「どこで起こったか」「どこで生まれたか」「どういう場合に有効か」「どういう場合に可能か」「どこから生まれたか」「どこへ行くか」「どこをねらうべきか」
> When（いつ）……「いつだったか」「今はどうか」「昔はどうだったか」「将来どうなるか、どうあるべきか」「時は熟していたか、いるか」
> How（どういうふうに）……「どういう経過でそうなったか」「今はどうなっているか」「どういう手段で実現したか」「そのためにはどういう手段が必要か」

> Why（なぜ）……「Aはなぜそういったか」「Bはなぜそうだったか、そうであるか」「なぜここで、なぜ今、なぜあのとき」「なぜ知らねばならないか」「なぜ失敗したか」「どういう動機からか」

（４）列挙した問題の中から初めに漠然と感じた問題に最も近いもののみを取り出す。
（５）読み手の関心を引きつける問題か、解決可能か、論証可能か、などについて検討する。
（６）他の問題との関連を調べる。問題を整理する。
（７）整理された問題を短い〈問題文〉〈疑問文〉の形で書き表す。

(同上書 30－31ページ)

〈「実証」の技術〉

【「事実の文」を書き出す】
（１）自分がかつて目で見、耳で聞いた「事実」を思い出し、カードに書き取る。
（２）観察・実験・調査の結果をノートに書き取る。数字は正確に使用する。（他人が行った結果については、できる限り自分でも実地に検分して、その結果を書き取る。）
（３）図書・雑誌・新聞などの文献を読み、必要なところをカードに書き抜く。（発行年月日、出版社、頁）（他人が引用したものは、できる限り原典にあたって確かめてから使用する。）
　※できる限り、読み手の信念や既有の知識に合致する「事実の文」や「資料」を集める。それができない場合は、「事実の文」や「資料」そのものの裏づけや、データとしての適切さを証明する「資料」などを用意する。

【「事実の文」を適切に提示する】
（１）書き出された「事実の文」の中で取り上げるものと捨てるもの

とを吟味する。
（２）伝達しようとする「情報」（＝観察・実験・調査・研究などによって得られた知識）をより端的に語ってくれる「事実の文」を最初に提示する。
（３）「事実の文」を提示する際には、改めて次の点に注意する。
　○「立派な」とか「危険だ」といった〈評価〉〈批判〉を表す言葉を極力混入させない。
　○実際に確認していないことや他人の心の中に起こっていることを「…だろう」とか「…らしい」といった言葉に表して記述してはならない。
　○「…すべきだ」とか「…しなければならない」といったように、〈主張〉を行わない。
（４）文献からの引用の際には、次の点に注意する。
　○一語、一文の「引用」は、「　」書きで括りだして本文の中の一文中に含める。
　○二文以上の「引用」の場合は、本文中に一段落として独立させて取り出す。
　　□の枠で括り出してもよい。
　○「引用」部分の要約は、止むを得ない場合を除いて極力避ける。
　○「引用」文献の出典を明記する。

　　　　　　　　　　　　　　　　　　　　（同上書　32－33ページ）

（「論証」の技術）

（１）機能的に導き出された一定の仮説（＝仮の意見）を検証する証拠（＝データ）を、観察・実験・調査（文献調査を含む）の結果の比較・総合によって収集する。
（２）収集されたデータの妥当性・信頼性を検討する。
（３）収集されたデータに理由づけ・推論・判断を加えて、一定の論

理的順序にしたがって論述し、結論を導きだす。
※〈理由づけ・推論・判断〉及び〈但し書き〉の方法に関して、井上尚美は次のような方法を提示している。

---

a　比較による理由づけ
① 比喩（わかりにくいことがらを、わかりやすいことがらに結びつけて説明する）を用いる。
② 類推（もともと種類を異にする二つのものごとの間に類似した関係があることを明らかにする。）
③ 比較・対比・対照（二つ以上のことがらを対置させ、その似ている点や違っている点を列挙する。）
b　因果関係による理由づけ
・原因がはたして結果と直接結びついているか。
・その原因はそこに表れた結果の唯一の原因か。
・結果に対する原因があまりにも漠然としていてアイマイではないか。
c　一般化と分類
① 一般化（いくつかの代表例をもとにして、それを押し広め（一般化）、まだ知られていないことがらについても同様だとする推論のしかた。）
② 分類（一般化とは逆に、データの中で真とされている「類」の特性を、その類に属する個々のメンバーを持っているとする推論のしかた。）
d　シルシによる推論
　二つまたはそれ以上のものごとについて、一方が他方のシルシ（サイン）であるということを理由づけにする方法。

〈但し書き〉の方法
① 理由の裏づけ（データが主張を支える「事実」であるのと同時に、理由の妥当性を裏づける事実について示すこと。）
② 限定（主張や理由づけの確かさの度合を示すことば―〈例〉「たぶん」「きっと」「必ず」「…らしい」「ば…である」「…であろう」など。）
③ 反証・例外・制限（例えば、制限としては「ただし～である。」、反論の先どりとしては「なるほど～ではあるが、しかし」などの言い方で行う。）

※論理的順序としては、よく知られたものに次のようなものがあ

る。　　　　　　　（森岡健二『文章構成法』1963年　至文堂　を参照）

① 一般から特殊へ　② 特殊から一般へ　③ 原因から結果へ　④ 結果から原因へ　⑤ クライマックス（漸層法）　⑥ 既知から未知へ

(同上書　35－37ページ)

　こうした技術や教材づくりの観点を全て満たした指導は実践的にはもちろん無理であるが、いくつかの観点を参照しながら教材づくりや指導をするための指標となるだろう。児童・生徒の発達段階、学年段階や一人一人の学習状況を踏まえて指導していくことがもちろん必要である。
　齋藤孝は、先に『三色ボールペンで読む日本語』(角川書店　2002年)によって赤・青・緑の三色ボールペンを用いた読書法を提案していたが、さらに『三色ボールペン情報活用術』(角川書店　2003年)によって、三色方式を「情報の活用術として提案」(同上書　前書き)した。

　　情報を読むとき、あるいはメモなどに書き留めるときに、三色の色分けをする。その三つの色とは、赤・青・緑である。それぞれの色は、以下のように区別する。

　　赤―客観的に見て、最も重要な箇所
　　青―客観的に見て、まあ重要な箇所
　　緑―主観的に見て、自分がおもしろいと感じたり、興味を抱いたりした箇所

　　大きくこの三つに分け、例えば会議資料を読むときも、新聞や雑誌を読むときも、常にこの視点でそれぞれの色を使って線を引きながら読む。(中略・引用者)
　　単に線を引くだけでもいいし、これは、と引っかかる言葉に出会ったら、その部分を丸で囲んでもいい。

(『三色ボールペン情報活用術』角川書店　2003年　38 - 39ページ)

　ここまでだと、「読むこと」のみに偏った方法に見えるかもしれないが、齋藤はここからたとえば、資料から、線を引いたキーワードを元にしてレジュメを作成するなど、新たな「書くこと」への応用・変換に役立てている。これは、たとえば先に挙げた、柳沢浩哉の提案のインベンション指導、①題材の検討　②主題（主張の発見）　③材料の選択、配置、という手順のうち、①と②に役立ちそうだ。柳沢は①と②について、「題材を検討する中で、主題を発見する。（実際的には、①と②の作業を切り離すことはできない。）」としているが、作文の際のいわゆる「想」の創出に、三色ボールペンを使うことは児童・生徒にも容易に取り組めることであろう。
　以上、ここまでの研究の成果のうち、本研究に生かす知見については、改めて第3節で述べていきたい。

第2節　インベンションにおける「配置」

　柳沢浩哉は、教科書のインベンションの手順を次のように述べる

　①主題発見（ただし、主題発見のための作業はない。）
　②主題に合いそうな材料の収集
　③材料の取捨選択

（「国語教科書におけるインベンションの研究」『文教大学国文』第18号

文教大学国語研究室　1989年　39ページ）

　主題発見→材料の収集→材料の選択、配置

（同上書　40ページ）

　ここで、「材料の収集」から「材料の取捨選択」「材料の配置」という手順をとるため、文章構成は材料の数だけ複数化し、いわゆる複数の「意味段落」が、作文を書くたびに生じることとなる。

　しかし、古来から「起承転結」や「序論・本論・結論」というように、文章構成については、せいぜい3～5くらいの大きな意味段落の構成が知られている。学習者にとっては作文を書くたびに材料の配置について悩まされることは、書く意欲の減退に結びつきかねない。作文を書く前の手順が長く煩雑であるからだ。「起承転結」や「序論・本論・結論」のような数少ない分け方で、それぞれのパーツの性格がある程度学習者に把握できるものなら、材料の収集からすぐに作文執筆に移行することもできよう。

　そこでこの節では、古来様々に言われている「文章構成」について、特に非生活文・意見文・論文と言われる分野で有効なものは何か、論じたい。

　意見の論述・言論に関しては、すでにアリストテレスが、「序論・主題提起・説得・結び」という4つの部分があることを述べている。さらに「主題提起」と「説得」については次のように述べる。

言論には二つの部分がある。すなわち、言論において不可欠なこと
　は、対象となる事柄が何であるかを述べることと、それを討論するこ
　ととである。だから、事柄を口にしたのに論証をしないとか、予め事
　柄を挙げることなしに論証するというのは、不可能である。なぜなら、
　論証をする人は何かについて論証するのであるし、何かを前置きする
　人は、それを論証する目的で前置きしているのであるから。これら二
　つの部分のうちの一つは主題提起であり、いま一つは説得（証拠立て）
　である。これは、弁証術の部分が、一つは問題提起、いま一つは論証
　と分けられているのに対応している。

　　（『弁論術』戸塚七郎訳　岩波文庫　2002年　367－368ページ　施線は引用者）

　つまり、「主題提起（あるいは問題提起）」とは、「対象となる事柄が何
であるかを述べること」、「説得（あるいは論証）」とは「それを討論する
こと」と、性格がはっきりしている。しかも言論において、この2つの部
分のどちらか片方が欠けることはありえないということを述べている。
　すると、「序論・［主題提起・説得］・結び」という、三分法を想定で
きることになる。
　こうしたレトリックの研究成果は、言論・弁論だけではなく、やがて書
き言葉の方面にも及んでいく。
　ハインリヒ・F・プレットは、まず17世紀のクリスティアン・ヴァイ
ゼ（Christian Weise）の言葉、「書簡は（中略・引用者）その場にいない人
がその場にいない人に対して行うのが常であるような弁論である。それ故、
書簡の技術は、弁論術の全体と同じ範囲にまで及ぶべきなのである」を引
用して、「書簡」と「古典的な弁論」との共通性を指摘している。そして
「書簡の通常の区分」について、プレットは次のように述べている。

　　a）挨拶（salutatio）
　　b）読み手の好意の獲得（captatio benevolentiae）

第三章　インベンション指導と「説得するために書く」作文指導との関連　　77

c）陳述（narratio）
d）請願（petitio）
e）結論（peroratio）

　挨拶と読者・聴衆の好意の獲得は弁論の序論に、請願は論証に対応している。陳述と結論はどちらのレトリックに基づくテクスト形式にも存在している。
　　　　　（『レトリックとテクスト分析』永谷益朗訳　同学社　2000年　42ページ）

　「挨拶と読者・聴衆の好意の獲得」を「序論」、また「陳述」は状況の説明部分であるから先に述べた「主題（問題）提起」に対応している。そうすると、「序論・［主題提起・説得］・結び」という三分法は書簡という書き言葉においても成立している。
　さらに、プレットは、「レトリックに基づく書簡の図式が長く有効性を保っていた」とし、「19世紀の書簡文例集から取った模範書簡の分析」を示している。これは皇帝に対する恩赦の請願の書簡であるが、各部分の性格をよく証明している。

　１．挨拶（salutatio）
　　最も輝ける、
　　最も強大なる皇帝兼国王陛下、
　　最も慈悲深き
　　皇帝・国王陛下！
　２．好意の獲得（captatio　benevolentiae）
　　陛下が既に多くの助けを求める人々に対してお示しになりました周知の慈悲と温情を信じて、私は、願いを聞き届けていただくために、あえて謹んで陛下の足下に近づかせて戴きます。
　３．陳述（narratio）
　　私の夫、指物師の親方であるパオル・シュテーアは、昨年、騒擾罪

の廉で懲役二年の判決を受けました。
4．請願（petitio）
それ故、私は、私の子供たちとともに、私たちに父と扶養者を再び贈って下さり、そうすることで私たちを完全なる破滅から救って下さるよう、陛下に切にお願い申し上げる次第でございます。
5．結論（peroratio）
深く畏れかしこみて、陛下の慈悲を心よりお待ち申し上げております。

(同上書　43-44ページ　引用者によって、並記された原語は省略)

さて、ここまでレトリック研究の成果から文章構成のあり方をたどったのだが、意見文や論作文の文章構成と、ここまで述べた「序論・［主題提起・説得］・結び」とは関係があるのだろうか。
　木下是雄は「文章構成のギリギリの要素は序論、本論、結びの三つだろう」(『理科系の作文技術』中公新書　2001年　34ページ）と述べている。また、「起承転結」と対比させて次のように述べている。

　私は、起承転結は本質的に漢詩の（それも絶句や律詩の）表現形式であり、仮にこのレトリックを散文に借りてくるとしても、それは人の心を動かす文学的効果をねらう場合にかぎるべきものだと理解している。私自身は、スピーチその他でこのレトリックを借りることはあるけれども、論文を起承転結一型で書こうと思ったことは一度もない。
(『レポートの組み立て方』ちくま学芸文庫　2002年　120ページ)

澤田昭夫は次のように述べ、「起承転結」の論文構成に疑問を呈している。

　「起承転結」というのは、「書き出し→その続き→別のテーマ→もとのテーマ」という漢詩の構成法で、それを使って論文を書けば、

(中略・引用者)何が幹線なのかよくわからないものが出来上がります。具体例で考えて見ましょう。「この川べりで昔ＡがＢと別れた」→「Ｂは悲壮な気持ちだったろう」→「昔の人はもういない」→「この川の水は今もつめたい」これが起承転結の典型ですが、この論法で論文を書くと序論「天皇制は問題である」→第二章「天皇制についてはいろいろの見方がある」→第三章「イギリスの王制はエグバートから始まる」→結論「天皇制はむずかしい」と、こんなふうになるでしょう。起承転結は、詩文の法則としては立派に役を果す原則でしょうが、これを論文に応用してもらっては困ります。

(『論文の書き方』講談社学術文庫　2001年　104ページ)

野口悠紀雄も「むしろ「転」のところで別の話題が現れると(あるいはそれまでの論理展開が覆されると)、読者は当惑する」(『「超」文章法』中公新書　2002年　95ページ)と述べている。

一方、「起(はじめ)・承(なか)・束(まとめ)・結(むすび)」の四分法を提案しているのは市毛勝雄である。ただし、これとて次のように述べていることから、元々は三分法の変形と考えてよい。

　作文に役立てるための文章構成であるから、生徒自身が親しみやすい名称でなければならない。序論・本論・結論では漢字に慣れるだけでも大変である。そこで、次のような名称を提案したい。
　　はじめ……序論(文章の記述の対象を紹介する部分)
　　な　か……本論(いくつかの事実を記述する部分)
　　まとめ……本論(事実に対する考察を述べる部分、「報告」はここまで)
　　むすび……結論(意見・主張を述べる部分、「意見文」はここまで)

(『説明文教材の授業改革論』明治図書　1997年　23ページ)

児童・生徒に親しみやすく、しかも各部分のはたらきも示しやすいとい

う点で学ぶべきであろう。

　高橋昭男も、文章構成について、「1　問題の提起（序論）　2　意見の陳述（本論）　3　問題解決の方法（本論／結論）　4　結び（結論）」（『仕事文の書き方』岩波新書　1997年　147ページ）としている。

　さて、こうしてみると、非生活文、非文学的な、意見文・論文の文章構成として、「序論・本論・結論」のような三分法が妥当であることがわかるが、ところで、児童・生徒の認知とこの三分法は合致するものだろうか。

　岩永正史は「小学生の説明文スキーマ」の発達について、次のように述べている。

　　　中・高学年になると、導入部、解説部、終末部がそろったスキーマが形成されてくる。話題や問いを提示し、それを説明して結論に至り、まとめるという形である。これは、説明文の骨格になる部分では、大学生のもつ説明文スキーマに近い。
（「「説明に対する認識」を深める」『月刊国語教育』東京法令　2002年　17ページ）

　「導入部」「解説部」「終末部」という名称での三分法だが、「話題や問いを提示し、それを説明して結論に至り、まとめるという形」という記述から、「序論・本論・結論」の三分法とほぼ同じであろう。それが、小学校中・高学年にスキーマとして形成されてくるとなれば、本研究の対象である中学生には十分理解されるであろう。

　本節において、「意見文」「議論文」のような非文学的文章の作文を、中学生が行う際に、「序論・本論・結論」等の三分法が妥当であることを述べた。次節においては、第1節に述べたこととともにこれらの知見を整理して、インベンション指導の指針を提示したい。

第3節　インベンションの指導の基本原理の検討

　この節では、第1節、第2節で各研究者・実践者の研究から得られた知見をまとめ、本研究の主目的である「説得するために書く」ことと関連するインベンション指導の原理・方途を示していく。
　第1節で示したが、柳沢浩哉のインベンション指導過程を再掲する。

　①題材の検討
　②主題（主張の発見）
　③材料の選択、配置
　新しい手順のポイントは次の点である。
　・題材を検討する中で、主題を発見する。（実際的には、①と②の作業を切り離すことはできない。）
　・③では主題発見に使用した材料の中から適当なものを選び配列を考える。

（「国語教科書におけるインベンションの研究」『文教大学国文』第18号
文教大学国語研究室　1989年　40ページ）

　この指導は、作文指導の全体の流れとして本研究の授業研究に位置づけることにする。
　さらに、田中宏幸がまとめたインベンション指導の研究成果を箇条書きに整理したものを再掲する。

【実践史から】
①学習者に知的好奇心を持たせ、学習に主体的に取り組む姿勢を育てておくこと。
②生徒の目の位置から発見した題材を教師側が用意しておくこと。

その題材は、生徒自身の課題に転化でき、さらに発想を揺さぶられるようなもの。
④連想語彙を書き上げさせたり、いったん討議をさせてから思いつく内容を書き上げさせる。
⑤範文の文型や文体を応用した文章を、楽しみつつ書かせる。
⑥基本的な思考法を実際に試みさせる。
⑨虚構の作文。
⑩「書き出し」の指導。
⑪「論理キーワード」「内容キーワード」。

　　（『発見を導く表現指導』右文書院　1998年より、筆者がまとめたもの）（「③「映像」の教材化」「⑦詩的な表現。ファンタジーの創造」「⑧「立場の転換」を意図的に指導すること」は、筆者は本研究とは関係が薄いと判断し、省略した。）

　これらは、柳沢が示した指導過程の留意事項として位置づけられる。
　さらに、第2節の大内善一、齋藤孝の方法論も留意事項として生かせる。特に第五章で後述するが、齋藤の三色ならぬ二色でボールペンを活用することにより、柳沢の指導過程の①②に役立てることができた。
　また、作文の文章構成は、柳沢の指摘する「主題中心」の手順による指導過程をとるため、「材料中心」ではないものとなり、多くの形式・意味段落を要しない、「序論・本論・結論」等の三分法を採ることとなる。これも第五章で後述するが、生徒には「はじめ・なか・おわり」として指導した。これは市毛勝雄の指摘「生徒自身が親しみやすい名称」を重視した。
　以上、本研究におけるインベンション指導の大きな方針をここまで述べてきた。

第四章 「説得するために書く」「悩みごと相談の手紙」の特徴とその指導

第1節 「悩みごと相談の手紙」作文指導の先行実践と、その問題点

　この章全体としては、先に第一章第3節での提案、レターカウンセリングを元にした「悩みごと相談の手紙」指導のあり方について述べる。
　この節では、これまでの「悩みごと相談の手紙」指導に類する先行実践をたどりつつ、それらの実践がカウンセリングや一般意味論などの理論を踏まえていないことや、その他の問題点を論じていく。
　先行実践として、次の論文を挙げる。
（1）貝田桃子「説得する文章を書く─「私たちが答える同世代の悩み」」
　　（『月刊国語教育　授業改善ハンドブック』東京法令　1994年7月　100－109ページ）
（2）西鳥羽裕「社交的な手紙の作文技術─悩み事相談─」
　　　　　　（『「作文技術」指導大事典』明治図書　1996年　193－195ページ）
（3）森下幸子「クラスの悩み相談室」
　　　　（『コミュニケーション作文の技術と指導』大西道雄編著　明治図書　1998年
　　　　　　　　　　　　　　　　　　　　　　　　　　　271－284ページ）
　（1）は高校での実践、残り2つは中学校での実践である。順に論じていく。

（1）貝田桃子「説得する文章を書く─「私たちが答える同世代の悩み」」
　貝田は、平成6年（1994年）2月中旬から3月上旬にかけて、能代西高校の生活科学科の1年生・2年生（いずれも女子のみ・クラス数、人数は不明）において、この実践を行った。
　貝田の挙げる、「授業づくりの工夫点」は、次の4点である。

① 『高校生が答える同世代の悩み』(高文研)を使って、プリントをつくる(悩みと、それに対する答えとを載せたもの)。
② 悩みに対する答えの中から、生徒が納得できる文章を探させる。
③ 探した部分をプリントにして、なぜ、納得できたのかを考えさせる(ここで自然に納得できた部分に「実証」「論証」という作文技術が絡んでいることに気づかせる。)
④ ③をよりよく実践するために、「高校生が答える同世代の悩み」の中から、できるだけ生徒の好奇心に訴えるサンプルを選んで、どこがどういうふうに納得させるのかを探す。
(中略・引用者)つまり相手の心、感情に訴える言葉づかいに気づかせ、実証的、論証的な文章の組み立て方をし、新鮮な驚きをもつエピソードなどを盛り込ませようとしたのである。
(『月刊国語教育　授業改善ハンドブック』東京法令　1994年7月　101ページ)

「相手の心、感情に訴える言葉づかいに気づかせ」ること、「実証的、論証的な文章の組み立て方」、「新鮮な驚きをもつエピソードなどを盛り込ませ」ることが、特に貝田実践に対する視点となるだろう。
指導計画は、この貝田の論文の102ページから104ページの記述を元にして、大内善一が次のようにまとめているので、大内論文から引用する。なお、全8時間の実践である。

【第一時】「高校生が答える同世代の悩み」の目次をもとにしたプリントを用意して、生徒自身が一緒に考えたい悩みを三つ選びアンケートを行う。
【第二時】アンケート結果を発表。上位の項目から一つを選び、その悩みに対する回答例をプリントして配布する。文中から「納得できるなあ」と思う箇所を抜き出させる。
【第三時】前時に抜き出した生徒の文章をプリントにまとめ発表させ

る。

【第四時】第三時にメモした技術を使い、相手を納得させる。説得するという意識を持ちながら、悩みに対する回答を〈人生相談〉の立場で書かせる。

【第五時】第四時の回答（生徒作文）から、三人の文章を載せたプリントを作成し配布する。発表させたあと「納得できるなあ」「いい書き方だなあ」と思うところに線を引かせる。予告として次回、自分が相談したい事柄を書いてもらうように指示する。（学校、友人、就職、恋愛、勉強など何でも可とする。）

【第六時】予告どおり自分の持っている悩みを書かせた後で、この悩みをもとにしたプリントを配って皆に回答者になってもらうから、そのつもりで書くようにと指示する。氏名は不要とする。

【第七時】前時に書いた生徒の悩みを五つにまとめ、プリントにして配布する。この五つの中から自分が心を込めて説得できると思う悩みを一つ選ばせ、回答を書かせる。

【第八時】第七時で書いた文章に、それぞれコメント用紙を付けて、生徒同士で回しながらコメントを書く。

（『「伝え合う力」を育てる双方向型作文学習の創造』大内善一著　明治図書　2001年　64－65ページ）

　さて、1時間ずつ実践の詳細を見ていき、検討していくことにしよう。
　第一時は、「「高校生が答える同世代の悩み」の目次をもとにしたプリントを用意して、生徒自身が一緒に考えたい悩みを三つ選びアンケートを行う」という学習活動である。その、「「高校生が答える同世代の悩み」の目次をもとにしたプリント」の内容を次に示す。

> 　1～20の文章は、すべて高校生の悩みです。あなたが、一緒に考えてみたい悩みを三つえらんで下さい。
>
> 　1▼心から話し合える友がほしい…
> 　2▼太っててアホの私、どうすればいい?
> 　3▼人のウワサ話、やめさせる方法ない?
> 　4▼彼(彼女)がいる人はどのくらいなの?
> 　5▼デートの費用はだれがもつ?
> 　6▼中傷にさらされる男女関係
> 　7▼校内でベタベタする男女関係は見たくない!
> 　8▼いまの高校生って妙におとなしすぎない?
> 　9▼"門立ち"はほんとに必要なの?
> 10▼自分の学校の校歌、なぜ大声で歌えない?
> 11▼授業と休み時間の区別もつかないのは、なぜ?
> 12▼散乱する紙パック、なぜみんな自分勝手なの?
> 13▼トイレの汚なさ、これは何なのだ!?
> 14▼高校生にふさわしいコンパとは
> 15▼留守中に子供部屋をさぐる母
> 16▼女の子の門限で何時くらい?
> 17▼異性の親との会話はどのくらい?
> 18▼結婚しても仕事を続けたい女性に注文
> 19▼希望の進路を家族に反対されたら…?
> 20▼私に向いてる仕事って、何だろう?

　　　　　(『月刊国語教育　授業改善ハンドブック』東京法令　1994年7月　102ページ)

　第一時の内容を見ると、上記のプリントをもとにしたアンケート調査までである。ひとつひとつの項目に詳しい内容が付記されていたわけではない。しかも私見だが、項目を見てわかる通り、これらの項目では前章第3節で述べた、田中宏幸の指摘「生徒の「内的緊張感」」に欠ける内容である。単元の展開の初期段階でのこの緊張感のなさはさすがに疑問と言わざるを得ない。

しかも、第二時において、アンケートの結果が発表されているが、次のようである。

1位	9▼"門立ち"はほんとに必要なの？ …………………15名
2位	20▼私に向いてる仕事って、何だろう？ ……………10名
3位	2▼太っててアホの私、どうすればいい？ ……………9名
4位	15▼留守中に子供部屋をさぐる母 ……………………7名

(同上書　102ページ)

「"門立ち"」なる言葉は、筆者には不明である（朝の登校時に学校の門に教師が立って挨拶や服装等の指導をすることであろうか）。2位以外、高校生の段階の課題として見ても、「内的緊張感」からやや遠いと言える。また、このアンケート結果は20の項目のうち4つにしか生徒の関心が分かれなかったが、この実践を追試した場合、常にこのくらいの分かれ方をするとは考えにくい。項目だけで詳細がわからないアンケートにはこのような問題があると考える。

　第二時は、「アンケート結果を発表。上位の項目から一つを選び、その悩みに対する回答例をプリントして配布する。文中から「納得できるなあ」と思う箇所を抜き出させる」という学習活動だが、「上位の項目から一つ」ということであるにもかかわらず、選ばれた悩みは「1▼心から話し合える友がほしい…」である。「上位」ということだから、5位以下ということも考えられるが、貝田論文からはその詳細は不明である。これでは、アンケートの成果があまり生かせていないのではないだろうか。

　そしてようやく、「1▼心から話し合える友がほしい…」の悩みの詳細が、（資料3）で示される。以下に、その文章を引用する。

　私の悩みは、対人関係がうまくいかないということです。いや、人見知りが単に激しいだけかもしれませんが、人に何かちょっとでも言われると（その人は冗談で言ったとしても）心にグサっときて、すごく悲しくなります。人が友達と楽しそうに話していたりすると、「私は孤独なのかしら」

> と自分に対して思ったりします。
> 以前はこんな陰気ではなかった、と自分でも思います。でも「人から避けられているのではないか」と、いつも考えこんでしまって何の解決にもなっていないんです。
> 心から話し合える友がほしい、といつも思いますが、そんな人はおろか、私には友達が少ないんです。だからクラス替えがあるなんて言われたときは、「知っている人と同じクラスになればいいんだけれど」「知らない人や、知っていてもそれほど仲の良くない人といっしょになったら、一人ぼっちになるんじゃないか」と一人考えこんで思いつめてしまいます。
> 毎朝起きると気分がすぐれず、吐き気がたびたびします。「高校生にもなってこんなんじゃダメじゃないの！」と自分に言い聞かせているのですが、「私は人から嫌われているのではないか」とまた考えて暗くなってしまいます。
> 自分の性格がいやでしょうがないのです。どうすればこんな暗い自分から抜け出すことができるかわからないんです。そんな自分がすごく悲しいんです。
>
>   （埼玉・三年／Y・K）

（同上書　103ページ）

　これは、悩みの心理的状況は書かれているが、筆者であるY・Kをとりまく具体的な状況については書かれていない。だから返事が書きにくいものである。具体的な状況がわかれば、それに対する具体的な方策も述べやすい。

　よって、次のような返事の例文を示して「文中から「納得できるなあ」と思う箇所を各自抜き出させる」（同上書　102ページ）という学習活動により、範文から表現方法を学ぶという学習につなげることになる。

> 　私もまったく同じ悩みをもっています。高一のときは、本当にひとりでした。休み時間など、ひとりになるのがいやで誰かといっしょにいるのですが、気分はひとりでいるのと変わりませんでした。本当に毎日が苦しく、悲しくて、どうすれば抜け出せるのだろうともがいていました。

でも、抜け道を探していたかというと、そうではなかったように思うのです。「人に避けられているのではないか」「嫌われているのではないか」と思うと、怖くて人に話しかけるなどできませんでした。
　それに、人と話していても、この人は私の友達ではないと自分に言い聞かせながら話していて、自分からその人と友達になろうという気がなかったように思うのです。
　Y・Kさんは「心から話し合える友がほしい」といいながら、自分以外の自分を探しているのではないでしょうか。ああ言えばこう答えてくれる人、という理想の友を自分の中でつくりあげていませんか？
　本当に運がよくないと、「心から話し合える友」はみつからないと思います。まして、ほしいと思っているだけで、自分からそういう友に会おうと行動しないかぎり。
　と、わかったようなことを書いたけど、私もまだ「心から話し合える友」はいません。でも、たくさんの人と話していこうと努力していると、同じようなことを考えて悩んでいる人がいることがわかりました。わかっただけでもうれしいものですよ。
　その同じ悩みをもった人が私に手紙をくれました。その中で『PHP』という雑誌から書き写してあった文を紹介します。
　《性格の欠点に目を向けては出会い型人間になれない。自分の性格・態度の欠点・短所をあげる前に人と人との出会いがいかに大切か頭の中で自己暗示して、他人に話しかけてみる積極性をぜひ示して欲しい。》

(香川・三年／M・I)

(同上書　103ページ)

　第三時は、「前時に抜き出した生徒の文章をプリントにまとめ発表させる」という学習活動である。この時、「文末表現、設疑法など実証的・論証的要素の盛り込み方を学習し、メモ欄にまとめさせる」という学習活動を行っている。(同上書　103ページ)「実証・論証の技術のまとめ」として、板書例が出ているので以下に示す。(実際は縦書きである。)

第四章　「説得するために書く」「悩みごと相談の手紙」の特徴とその指導

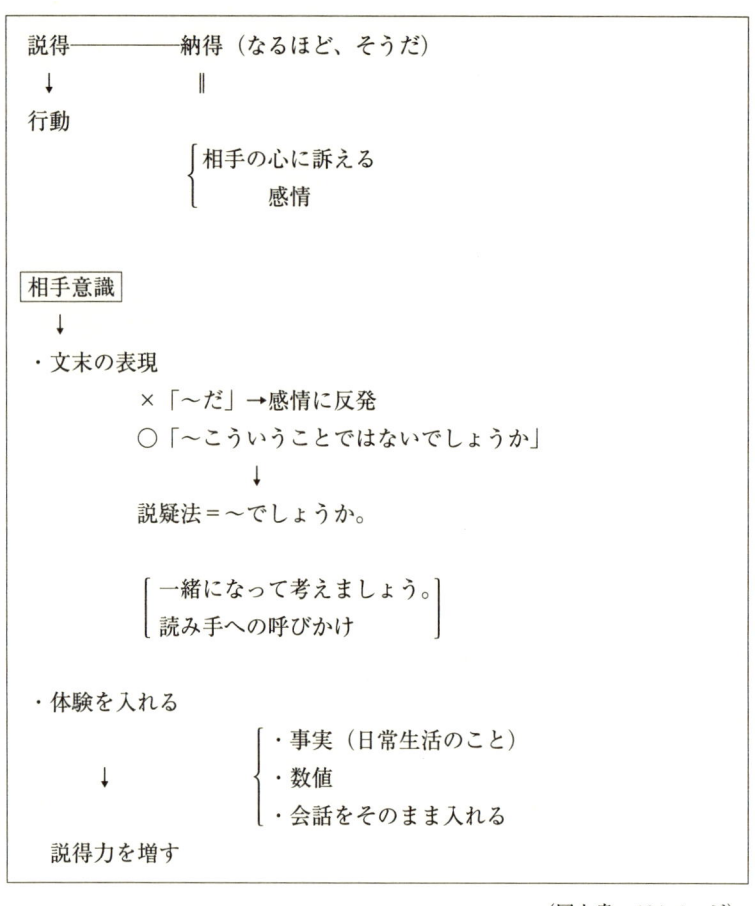

```
　　説得─────納得（なるほど、そうだ）
　　　↓　　　　　‖
　　行動
　　　　　　　⎰　相手の心に訴える
　　　　　　　⎱　　　　感情


　┌─────┐
　│相手意識│
　└─────┘
　　　↓
　・文末の表現
　　　　×「～だ」→感情に反発
　　　　○「～こういうことではないでしょうか」
　　　　　　　　↓
　　　　説疑法＝～でしょうか。

　　　　⎡一緒になって考えましょう。⎤
　　　　⎣読み手への呼びかけ　　　　⎦


　・体験を入れる
　　　　　　　　⎧・事実（日常生活のこと）
　　　↓　　　　⎨・数値
　　　　　　　　⎩・会話をそのまま入れる
　　説得力を増す
```

（同上書　104ページ）

　この板書内容を生徒にメモさせ、次の第四時に作文をさせた。この板書内容からしか指導の内容は推定できないが、「設疑法」のような「言い回し」、「体験」つまり具体的な「事実」「数値」「会話」といった作文に盛り込む「内容」の２点への関心に指導内容が集中し、論理的思考や文章構成といったところまでは指導者の意識は向かっていない。

　第二章及び第三章で筆者は論理的思考や文章構成といったことまで言及し、第五章で実践を詳述するが、そこでも論理的思考や文章構成について、

一般意味論やカウンセリング理論及びインベンションに配慮して実践したことを述べていくことになる。

　貝田実践に話を戻そう。

　第五時は「第四時の回答（生徒作文）から、三人の文章を載せたプリントを作成し配布する。発表させたあと「納得できるなあ」「いい書き方だなあ」と思うところに線を引かせる。予告として次回、自分が相談したい事柄を書いてもらうように指示する。（学校、友人、就職、恋愛、勉強など何でも可とする）」という学習活動である。この「三人の文章を載せたプリント」は貝田論文では省略されて載っていない。全員中3名しかプリントで提示されないのは、「「納得できるなあ」「いい書き方だなあ」と思うところに線を引かせる」という学習活動のための簡便性のためであろうが、高校生の特性から、恥ずかしさなどへの配慮という点で疑問が残る。

　これは、「予告として次回、自分が相談したい事柄を書いてもらうように指示する。（学校、友人、就職、恋愛、勉強など何でも可とする）」に関しても同じことが言える。第二時で示された「悩みの手紙」の内容レベルで、あまり具体的に述べられていなければよいのであろうが、自分の悩みを書くという活動は「恥ずかしさ」という点で難しいのではないだろうか。第六時の学習活動は「予告どおり自分の持っている悩みを書かせた後で、この悩みをもとにしたプリントを配って皆に回答者になってもらうから、そのつもりで書くようにと指示する。氏名は不要とする」としているが、生徒がどのくらい「恥ずかしさ」を克服した上で、「内的緊張感」をもって学習に取り組めるか疑問である。

　第七時は「前時に書いた生徒の悩みを五つにまとめ、プリントにして配布する。この五つの中から自分が心を込めて説得できると思う悩みを一つ選ばせ、回答を書かせる」という学習活動である。「前時に書いた生徒の悩み」を「五つにまとめ」というのも、貝田のクラスの実態からこのようになったのであろうが、実践の追試では不確定な要素がある。

　第八時は、「第七時で書いた文章に、それぞれコメント用紙を付けて、生徒同士で回しながらコメントを書く」という学習活動である。ここで言

う「コメントを書く」とは、「『ここは納得できるなあ』と思ったところをコメント用紙に書き抜」(同上書 108ページ)く活動である。「書き抜く」という活動は「感想を書く」よりも生徒にとって取り組みやすいことが貝田論文からもうかがえる。

なお、ここまでで全8時間の実践である。ここまでの時数の確保も、実践上の課題となりそうである。

以上で、貝田実践の検討を終わる。

(2) 西鳥羽裕「社交的な手紙の作文技術―悩み事相談―」

西鳥羽は、中学校2年生を対象にして、本実践を行った。(実践時期は不明だが、生徒作文の日付は「平成七年四月十四日」となっており、また、西鳥羽による「指導のポイント」の記述からも、そのあたりの時期であることがわかる。クラス数、人数は不明)

指導の「目標」は、「相手の立場を考えた手紙作文の技術を知り、それを使って自分の気持ちを的確に伝える」である。

さらに、「指導のポイント」として、次のように述べている。

　手紙には、定まった形式があり、親しい友人は別として、いかなる場合にもそれに従うのが普通であると考えている子が少なくない。そこで、手紙というのは、相手があるものであり、あくまでもその相手の気持ちを尊重することで、形式にも差異が生じるということを指導しようというのである。
　また、選材に当たっては、生徒の実態に合うもので、しかも目的意識をもって取り組めるものとして、「悩み事相談」(小学校六年生からの手紙という設定)ということにする。生徒は、二年生になったばかりで、しかも、クラス編成直後である。そこで、小学生からの手紙と同様な不安をもっている子が多く、それが共感を呼び、書く意欲にもつながる。しかも、生徒の個性を反映させることのできるものである。

(『「作文技術」指導大事典』明治図書　1996年　193ページ)

本実践は、第三章第1節における田中宏幸が言う「虚構の作文」である。さらにここでは、「相手意識」と「文章構成」との関係が述べられている。「あくまでもその相手の気持ちを尊重することで、形式にも差異が生じるということ」は、アリストテレスの次の論にも通じることである。

　　実際には、今日行われている分類は奇妙なものである。なぜなら、陳述であるが、これは恐らく法廷弁論だけには認められるであろうが、しかし、演説的弁論や議会弁論が彼らの言うような「陳述」や、係争相手に対する「反論」を持つことが、どうしてありえようか、或いはまた、論証をする弁論に「結び」がついていることなど、どうしてありえようか、その必要はないからである。また、「序論」、「反対意見の対置」、「要約」などが議会弁論に現れるのは、意見の対立が生じた場合のみである。なぜなら、議会弁論の中にも、しばしば告発や弁明の登場することがあるからである。しかしそれは、審議の弁論としてなされる訳ではない。さらに、法廷弁論にしたところで、そのすべてがいつも「結び」を持っているとは限らないのである。例えば、弁論が短いとか、事件の内容が憶え易いような場合がそうである。なぜなら、「結び」がもたらすのは、要約によって弁論から長さを取り除くことであるから。したがって、<u>言論の部分として不可欠なものは、主題提起と説得ということになるのである。</u>
　　<u>一般に言論に固有と言える部分はこれら二つのものであり</u>、せいぜい認めたとしても、序論・主題提起・説得・結びの四つである。なぜなら、係争相手に対する反論は説得（証拠立て）に含まれるし、また、反対意見の対置も、自分の見解を強調することであって、したがって説得の一部となるからである（つまり、対置比較をする人は何かを証明しようとしているのである）。しかし、序論にはそういう働きがない。結びにもそれは認められない、いや、それは述べられたことを想い起こさせるだけである。

(『弁論術』戸塚七郎訳　岩波書店　2002年　367－368ページ　施線は引用者）

つまり、言論の目的によって、文章構成は変わるのである。
また、小森茂の次のような指摘にも通ずるものである。

　「手紙や通信文を書く学習」でも、他の言語活動例でも、「伝え合う力」を育成するためには、まず、次のような「5つの言語意識」を児童生徒（＝学習者）の側から具体的に取り上げ、「本時の学習指導案」に位置付ける工夫が必要である。

> ①　自分にとって、「手紙や通信文を書く」ための相手意識
> ②　自分にとって、「手紙や通信文を書く」ための目的意識
> ③　自分にとって、「手紙や通信文を書く」ための用件や条件、状況意識
> ④　（①、②、③を受けて）自分にとって、意図的・計画的に「手紙や通信文」を書いたり、「手紙や通信文」から、相手の意図や要点を的確に受けとめたりするための方法や技能意識
> ⑤　（①、②、③、④を受けて）自分にとって、「手紙や通信文」が意図的・計画的な表現行為や理解行為になっているか等を自己評価（相互評価も含む）する評価意識

　従来、「手紙や通信文を書く学習」は、ややもすると、形式的な書式や様式の模倣になる傾向が散見された。これからは、前述の児童生徒（＝学習者）の「5つの言語意識」を拠点に、相手、目的や場面に応じて、自分の思いや考えなどを双方向的に通じ合ったり、両者の課題を解決したり、用件や条件に応じて情報を収集・選択・活用したりするような「伝え合う力」として育成する必要がある。
　その学習の課程で、従来の書式や様式を参考にしながら、相手、目的や場面に応じて必要な書式や様式を工夫したりすることが大切であ

る。

(『手紙や通信文を書く学習』小森茂・相澤秀夫・田中孝一編著　明治図書
2000年　11－12ページ　施線は引用者)

指導時数は1時間である。以下に、「指導計画」を示す。

① 小学生からの手紙を読み、それに対しての返事を書くことを伝える。
② 小学生に対しての手紙にふさわしい表現について話し合う。
③ 相手の置かれている状況を考慮した場合、どのような書き出しが適切か話し合う。
④ 手紙を書く。
⑤ 書き上げた数例の手紙を取り上げて検討する。

(同上書　194ページ)

「小学生からの手紙」は以下の通りである。

> お兄さん、お姉さんごきげんいかがですか。
> 　私は、すっかり元気がなくなってしまいました。理由は、学校に行くのが楽しくなくなったからです。毎日がおもしろくないのです。こんな気持ちになったのは、月曜日の席がえのせいです。
> 　私と尚美さんとは親友で、席がえまでは席もとなりでした。だから、いつも一緒でした。それなのに、月曜日からは席が離れ離れになってしまったのです。
> 　尚美さんは、席がえをしてまだ二日しかたっていないというのに新しくとなりになった亜由美さんと楽しそうにおしゃべりしています。私はそれを見ていると、友達を取られてしまったような気がして悲しくなります。それに対して、私の方はというと、周りにいるのはあまり話をしたことのない人ばかり。私はその人たちに自分から話しかける気にはなりません。私の親友は尚美さん一人です。このままでは、尚美さんを亜由美さんに取

> られてしまって、私は独りぼっちになってしまいます。
> 　私はいったいどうしたらいいのでしょうか。助けてください。
> 　　平成七年四月十日
> 　　　　　　　　　　　　　　　　　　　　　　　　佐藤美奈子
> お兄さん、お姉さんへ

（同上書　194ページ）

　この手紙は、先の貝田実践と比較すると、状況がずいぶん具体的である。「虚構」の手紙の場合、こうした具体的な状況を書き表しやすいという点で（虚構でないと、プライバシーなどの問題が生じる）評価できる。
　「指導計画」の②「小学生に対しての手紙にふさわしい表現について話し合う」、③「相手の置かれている状況を考慮した場合、どのような書き出しが適切か話し合う」について、西鳥羽は次のように述べている。

> ②　小学生であること、悩んでいることを考慮して、書く姿勢としては、次の二点に留意して書いてはどうかという意見が出された。
> 　a　易しい言い回しで
> 　b　一方的に説教するのではなく、相手の気持ちを尊重しながら
> ③　書き出しについて
> 　a　起首、時節のあいさつなどを含む前文は不要（悩んでいる相手には、悠長に感じられ、かえって失礼だし、状況にそぐわない）。
> 　b　「お手紙読みました。」のような書き出しが適切ではないか。
> 　　即座に意見が出され、全員一致で即、本文に入ることにした。

（同上書　194ページ）

　「③　書き出しについて」は、「a　起首、時節のあいさつなどを含む前文は不要」という部分については西鳥羽が述べるように「（悩んでいる相手には、悠長に感じられ、かえって失礼だし、状況にそぐわない）」ということは首肯できるが、だからといって「即座に意見が出され、全員一致

で」「即、本文に入ることにした」というのは問題がある。相手を説得するという目的を考えた場合、ある程度の文章構成を形成する必要があると考えられる。特にこの実践は心の問題を取り扱っているだけに、理論だけでなく経験則も含まれている、レトリックやカウンセリングの技法から学んでいく必要があるのではないかと考える。

　西鳥羽の論文では生徒の3つの作文例が挙げられているが、これらはすべて、「③　書き出しについて」の話し合いの内容を踏まえた書き出しとなっている。

　　　　　Ａ　男子
<u>お手紙読みました。</u>
　美奈子ちゃんの気持ちはとてもよくわかりますが、友達というのは親友一人だけと決めつけていいのでしょうか。そんなことはないはずです。美奈子ちゃんも勇気を出して周りの人たちに話しかけてみたらどうでしょうか。ほんの少しの勇気が新たな親友を生み出すきっかけになるかもしれません。尚美さんだって、美奈子ちゃんと離れてしまってさびしかったから亜由美さんという新しい友達を作ったんだと思います。
　友達だったらそんな気持ちも分かってあげないといけないよ。
　これからもつらく感じること、悲しい、くやしいと思うことなどたくさんあると思いますが、それをバネにしてがんばって下さい。
　平成七年四月十四日
　　　　　　　　　　　　　　　　　　　　　　　　　Ｗ・Ｙ

佐藤美奈子ちゃん

　　　　　Ａ　女子
　美奈子さんの気持ちは、言葉では表せないほど複雑なものだと思います。でも、私にも美奈子さんと同じような立場になった経験があるんですよ。だから、そんなに悩むことはありません。
　よく考えてみてください。あなたと尚美さんが親友になる前のことを。あなたと尚美さんは、はじめは、話したこともない他人だったはずです。友達というのは、自分から作っていくものではありませんか？　尚美さん一人を友達と思っていては、この先何も進歩がありませんよ。もっと積極

的に話しかけてみてください。作ろうと思えば、友達はたくさんできるは
　ずです。それに、尚美さんとあなたが本当の親友同士ならば、友情はまだ
　続くはずです。自信をもって頑張ってください。
　　平成七年四月十四日
　　　　　　　　　　　　　　　　　　　　　　　　　　　Y・Y

　佐藤美奈子様
　　追伸　　悩みが解決できなかったら、またお手紙ちょうだいね。
　　　　　　今度いっしょに遊ぼうよ。

――――― C　女子 ―――――
お手紙拝見しました。
　美奈子さんの気持ちは、分からないではありません。けれど、親友を取
られてしまったと思うのが本当の親友でしょうか。本当に強いきずなで結
びついている親友だからこそ、"私たちは離れ離れになったって今と変わ
らずやっていける"と思わなければいけないと思います。尚美さんが亜由
美さんと楽しそうに話しているのは、きっと美奈子さんとの深いきずなを
信じているからだと思います。美奈子さんも尚美さんを信じて頑張ってみ
てください。
　　平成七年四月十四日
　　　　　　　　　　　　　　　　　　　　　　　　　　　M・K

　佐藤美奈子様

　　　　　　　　　　　　　　　　　（同上書　194－195ページ　施線は引用者）

　また、別の問題として、「小学生からの手紙」が1種類しかないという
点が挙げられる。小学校6年生女子の手紙、女子の交友関係の悩みという
ことで、特に男子生徒がどのくらい親身になって相談に応じることができ
るかがポイントである。

（3）森下幸子「クラスの悩み相談室」
　本実践は、論文の文脈から中学生1年生に対しての実践、しかも特定の
1学級であることがわかるが、人数、実施時期については不明である（生

徒作文の文脈から、2学期以降か）。

　目標は、「友達の悩みについてその解決方法を考え問題点を整理して相手にアドバイスの手紙を書く」である。指導時数は3時間。

　森下実践の特徴の1つとして、「場の設定」のあり方が挙げられる。森下は次のように述べている。

　　本学級の生徒は、日常の出来事、感想、悩み、要望等を担任に伝える手段として日記「ライフ」を毎日提出している。担任はこの「ライフ」によって、生徒一人ひとりのおかれている状況や、思いを把握し、個々の生徒を励ましたり、悩みの相談に応じたりするようにしている。また、書かれている内容がクラスの生徒に考えてもらいたい内容である場合は、それをもとに話し合いをするように心がけている。
　　そうした中で、どのように勉強とクラブを両立させていけばよいかという悩みが担任に寄せられた。これは、中学生の多くが日常生活の中で直面している問題である。しかし、生徒は自分だけの個人的な悩みとして一人で悶々と悩んでいることが多い。
　　そこで、「ライフ」に寄せられた友達の悩みについて、よりよい解決方法を考えるために、みんなで話し合いアドバイスできる場を設定することになった。
　　なお、話し合いをする場合は、生徒のプライバシーを尊重して、匿名で教師が悩みを紹介することとした。生徒にもクラスの仲間へのアドバイスであるとともに、自分自身の問題としてしっかりと考えてほしい旨を伝え、話し合って考えた内容をクラスメートから悩んでいる友達への手紙として出そうということになった。
　　　　　（『コミュニケーション作文の技術と指導』大西道雄編著　明治図書　1998年
　　　　　　　　　　　　　　　　　　　　　　　　　　　　271－272ページ）

　ここでは、田中宏幸が「実践から示唆されるインベンション指導の方途」として指摘したものの②と通ずるものがある。再掲しておく。

②「課題の与え方」に工夫を凝らすことである。その際、<u>生徒の目の位置から発見した題材を教師側が用意しておくこと</u>が必要となる。そして、<u>その題材は、生徒自身の課題に転化でき、さらに発想を揺さぶるようなものでありたい。</u>

(『発見を導く表現指導』明治図書　1998年　57ページ　施線は引用者)

　施線部分と、森下の、「どのように勉強とクラブを両立させていけばよいかという悩みが担任に寄せられた。これは、中学生の多くが日常生活の中で直面している問題である。しかし、生徒は自分だけの個人的な悩みとして一人で悶々と悩んでいることが多い。

　そこで、「ライフ」に寄せられた友達の悩みについて、よりよい解決方法を考えるために、みんなで話し合いアドバイスできる場を設定することになった」が重なる。

　また、作文を書く前に、解決方法を話し合うという、「ブレーンストーミング」が行われている。

　問題点は、前掲の西鳥羽裕実践と違い、虚構ではない、実在の人物に対しての手紙を書くという点であろう。虚構ではないので学習者（書き手）の目的意識をはっきりさせやすい反面、プライバシーの面への配慮、学級及び学校全体（この場合は部活動など）への影響について配慮する必要がある。「生徒のプライバシーを尊重して、匿名で教師が悩みを紹介することとした」としているが、後述の通り、生徒の作文がかなり具体的な内容となっているため、誰の悩みであるか特定されやすいであろう。かといって具体性に欠けるものであると、アドバイスもしづらくなると考えられるので、このあたりの折り合いは難しい面がある。

　森下実践の展開は次の通りであるが、1時間ずつの展開が書かれているわけではないので、全3時間とどうつながるのかは不明である。

　① 友達が直面している悩みについてその内容を提示する。

②　話し合ったことをもとに、手紙に書くべき内容を整理する。
③　メモを作り、手紙を書く。
④　お互いの作品について相互評価する。
　　　　（『コミュニケーション作文の技術と指導』大西道雄編著　明治図書　1998年
　　　　　　　　　　　　　　　　　　　　　　　　　　　　273－281ページ）

「①　友達が直面している悩みについてその内容を提示する」において、次のような生徒（仮名として「Ａ君」とされた）の悩みの作文が紹介された。

> 　僕は今、どうしたらいいか迷っています。というのは、塾とサッカーと、どちらを選んだらいいかわからないんです。考えても考えてもどうしたらいいのか、わかりません。
> 　小学校の時、僕の成績はあんまりよくなかった。で、中学にあがってから、塾に行くことになったんです。この塾には、幼稚園の時の幼なじみがいたり、毎回ギャグをとばしながら、わかりやすく教えてくれる先生がいたりして、思ったより楽しいんです。そのせいか、この前の期末テストでは、すごくいい点がとれて自分でもびっくりしたし、超うれしかった。このままいけば、夢のまた夢と思っていたパイロットになることもできるんじゃないかってすごくやる気がわいてきました。ずっと小さいときからパイロットは僕のあこがれの職業なんです。だから、しっかり勉強して、夢を実現したいと思っているんです。
> 　だけど、困ったことが起きました。この前、サッカー部で三年生が引退して、一年生も戦力に加わることになって練習がすごく厳しくなってきました。部長からも、「おまえはレギュラー候補にあがってるから、延長クラブに出ろよ。延長クラブに出れないんだったらレギュラーからはずすけど。練習の時メンバーがいないと戦意がおちるし、チームワークも悪くなるからな。」と言われました。
> 　サッカーは大好きで、一年からレギュラーになれるなんて、最高です。でも延長クラブに出るとなると、塾の時間に四十分は遅れてしまいます。そんなだと勉強が遅れるしせっかく成績も上がってきているのに、またもとに下がってしまうと思うんです。

同じレギュラー候補にあがっている親友のBは、「今、練習に参加しないともうレギュラーになるチャンスはなくなると思うな。だってほぼ全員が延長クラブに出るんだもの。差がつくに決まってるよ。塾に行かなくたってやる気さえあれば、勉強はできるよ。いっしょにレギュラーになって試合に出ようよ。せっかくここまでがんばってきたのに、ここで投げ出すなんてもったいないよ。サッカーは生きがいだって言ってただろ。」と言うんです。
　　母に相談すると「せっかく今の塾で力がついてきたんじゃない。長い目で見たら、将来のためには勉強しとくのが一番よ。パイロットになるには大学へ行かないと、サッカーはやめろとは言わないけど許可をもらって、早めに帰らせてもらったら」と言う。
　　確かに、今の塾だから勉強にやる気が出てきたんだけど…。ああ、いったい、僕はどうしたらいいんでしょうか。

(同上書　273－275ページ)

　この作文をめぐり、次のような学級での話し合いがなされたという。(Tは指導者、Sは生徒)

　T　A君の悩みを解消してあげたいのですが、どんな方法で相談に応じてあげたらいいでしょうか。
　S　今、解決方法をと言われても、私たちもすぐには答えを出せないので、みんなで話し合って、いろいろな考え方を知りたいと思います。
　S　話し合うとき、塾を続けるときのプラス面とマイナス面、サッカーを続けるときのプラス面とマイナス面にポイントをしぼって話し合うと話しやすいと思います。
　S　話し合って自分なりの解決方法が考えられたら、手紙にアドバイスを書いて、本人に渡してあげたらいいと思います。
　T　では、手紙でA君にアドバイスしてあげましょう。A君が心の中を整理してよい解決方法を見つけられるよう、よろしくお願いしま

す。（中略・引用者）
※　話し合いは、母親の意見賛成派と親友Bの意見賛成派に分かれ、生徒の生活や、生き方を現実的に見つめた結果出た意見が多く、議論は白熱した。
(同上書　275 - 276ページ)

「何を書くか」というインベンションの問題の解決法として、このような話し合い、ブレーンストーミングは確かに重要な要素であるが、本実践での話し合いは、「プラス面とマイナス面」という言葉に代表されるように、一般意味論が指摘する「二値的考え方」に陥る危険性を感じる。この場合、塾（勉強）と部活動をいかにうまくバランスをとってやっていくかという問題であり、両方をなんとか自己実現する方向にしていくことを考えなくてはいけないだろう。

事実、生徒たちが作文を書いた際、次のようなことがあったと森下は述べている。

さらに、プラス面とマイナス面の両方を考える過程の中で、どちらにも組しない、第三の方法を考え出した生徒も27％いた。勉強とクラブを両立する方法として、通信添削、家庭教師、時間帯の合う塾への変更といったアイディアが出された。
(同上書　281ページ)

そうすると、先の話し合いの中でも、途中中断して、たとえば「今の考え」をメモさせるなど、話し合いの表面に現れない、生徒の多様な考え方を、すべて表出する工夫が必要である。

また、この話し合い自体が解決「方法」へのこだわりが感じられ、肝心のクライアントの考え方を変えるという、説得への方向性が希薄である。

このような実践の場合、ブレーンストーミングは「二値的考え方」よりも「多値的考え方」を志向するよう働きかけていく必要があると考える。

また、本実践においても、言葉の言い回しへの注意に実践の関心が偏り、文章構成への指導の意識が希薄であることがうかがえる。

（4）先行諸実践に学ぶこと
　ここまで述べたことから、次のことが言えるだろう。
　本研究は中学生を対象としているが、中学生という発達段階と、学年の特性を考えた「悩みごと相談の手紙」実践を構想していく必要がある。その際において、まず1つ目として、題材や内容の具体性と「虚構」性の問題について考慮しなければならない。あまりにも具体的な内容である場合、具体的な説得は可能であるが、反面、プライバシーの問題を避けることができない。その点で「虚構」の作文での実践が有力視されてくるのであるが、問題はどこまで書き手である学習者が、切実感をもって（あるいは田中宏幸の言う「内的緊張感」をもって）書くことができるかという点である。よほど題材や内容が、生徒にとって自分の問題に転化できる切実さを伴うものでなくてはならない。
　2つ目として、学習の時数に関する問題である。説得の方法を学ぶという点を配慮するとともに、学習者の関心・意欲の持続という点を配慮し、少なすぎず、多すぎずという時数設定が求められる。
　3つ目として、「説得」するための論理構造の理解と、文章構成のしかたをどう指導するかという点がある。これまで先行実践を検討してきた通り、実践者の関心が言葉の言い回しの指導に偏り、相談者の論理構造に対する検討や、「説得」するための文章構成のあり方の指導についての配慮にやや欠ける点が見られた。この点については、次節で改めて論じていくことにする。

第2節 「説得」のためのカウンセリング理論・技法と「トゥルミンモデル」及び「文章構成」との関係

　筆者は先に第二章第1節において、一般意味論がカウンセリングの理論・技法の基礎の1つになっていることを述べた。また、同じく第二章第3節において、一般意味論と同じく日常論理と関係のある「トゥルミンモデル」によって、小・中学生の論理構造の発達について述べた。また第三章第2節において、非文学的文章作文における文章構成のあり方について論じた。

　さらに、前節において、「悩みごと相談の手紙」実践の課題として、学習者に対して、「説得」するための論理構造の理解と、文章構成をどう指導するかということを指摘した。

　そこでこの節では、「悩みごと相談の手紙」実践のために、カウンセリングの理論・技法から何を取り入れるのか、それが非文学的文章作文における文章構成のあり方や、「トゥルミンモデル」とどう関係があるのかを論じていく。

　まずは、カウンセリングの理論・技法と非文学的文章作文における文章構成のあり方との関係について論じる。

　カウンセリングの技法と言っても、様々、多種多様ではあるが、國分康孝は次のように3つにまとめている。

　　カウンセリング技法とは、カウンセリングを実践するスキルのことである。では、カウンセリングを実践するスキルとは何か。カウンセリングの目標（例。自己概念の変容、症状の除去、無意識の意識化、ビリーフの修正）を達成するのに役に立つ反応を選ぶ能力のことである。
　　この能力を細分化すると三つになる。<u>リレーション（関係）づくり</u>

<u>に役立つ反応を選ぶ能力</u>（例。かかわり技法、応答技法）、<u>問題を把握するのに役立つ反応を選ぶ能力</u>（例。質問技法、明確化）、<u>問題解決を援助するのに役立つ反応を選ぶ能力</u>（例。課題を出す、助言する、情報提供する、解釈する、対決する）の三つである。

『カウンセリング心理学入門』PHP研究所　1998年　150－151ページ

施線は引用者）

　渡辺康麿は、「カウンセリングのプロセス」を10段階としているが、これはほぼ一般に行われているカウンセリング技法のプロセスであり、しかも、國分の3つのスキルをさらに詳細に説明したものだと考えられよう。ここに引用しておく。

①　肯定的関心の表明〜第一段階〜
　まず第一段階は『肯定的関心の表明』です。
　この段階では、聞き手は、たとえば、首を縦にふって、うなずいたり、「うん、うん」と相づちを打ったりして、話し手の話を聞きます。このような態度によって、聞き手は"あなたの話に関心を持っていますよ"というメッセージを、話し手に伝えることができます。この肯定的関心の表明によって、話し手のうちには、自己表現への意欲が引き出されてきます。
②　反復確認の段階〜第二段階〜
　第二段階は『反復確認』の段階です。
　この段階では、聞き手は、話し手の話の中から、その気持ちがよく表われているところを取り出して確かめます。たとえば、「友達から、ずっと嫌われてきた、と思っているんだね」とか「お父さんは横暴だ、と思っているのね」とかいうように。
　この反復確認によって、話し手は、自分の話したいと思っているところを聞き手が受けとめていることを感じます。そして、話し手の自己表現意欲は、いっそう高められるでしょう。（中略・引用者）

③　具体化の段階〜第三段階〜

　第三段階は、『具体化』の段階です。

　この段階で、聞き手は、話し手の話の中心的なところをとらえて、具体的に話すように導く問いかけをします。たとえば、「どんなときに、友だちが嫌っていると感じたのかな」とか、「お父さんのどんな言い方に、《横暴だ》と感じたのかしら」とかいうように。

　このように、具体的に問われることで、話し手は、自分の感情を引き起こした事柄自体を具体的に見つめようとします。具体的に見つめることで、話し手のうちに自分の思いこみ（既成概念のとらわれ）に対して疑いが生じてくるかもしれません。（中略・引用者）

④　内面化の段階〜第四段階〜

　第四段階は、『内面化』の段階です。

　この段階で、聞き手は、話し手の思いの背後に流れている感情やその奥に潜んでいる欲求をくみ取ります。そして、そういう感情や欲求の存在に、話し手自身が気づけるように問いかけます。

　たとえば、「友だちに悪口を言われていると思ったら、どんな感じがしたのかな？　落ち着かない感じがしたのかな（感情への問いかけ）」とか「落ち着かない感じの奥に友だちに対してどうしてほしいという思いがあったんだろう？　自分に直接言って欲しい、という思いかな（欲求への問いかけ）」とかいうように。

　また、「お父さんにサッカーをやめさせられたとき、どんな気持ちだったのかしら。悔しい、という感じかな（感情への問いかけ）」とか、「悔しい感じの奥にお父さんに対してどうあって欲しいという思いがあったのかな（欲求への問いかけ）」とかいうように。

　このように、問いかけられることによって、話し手は、自分の本当の感情や欲求を洞察することができます。

⑤　視点転換の段階〜第五段階〜

　第五段階は、『視点転換』の段階です。

　この段階で、聞き手は、話し手に相手の気持ちを察することができ

るように問いかけます。たとえば、「このとき、友だちはどんな気持ちだったと思う？」とか、「このとき、お父さんはどんな気持ちだったのかしら？」というように。

　このように問いかけられることによって、話し手は、自分の気持ち（感情や欲求）から離れて、相手には相手の気持ち（感情や欲求）があるということに気づくことができます。(中略・引用者)

⑥　過去の想起の段階〜第六段階〜

　第六段階は、『過去の想起』の段階です。

　この段階で、聞き手は話し手に、その相手に対する過去から現在までの関わりについて、問いかけます。たとえば、「いつごろから、お友だちが、君を避けるようになったと思う？」とか「お父さんに負けたくないと思うようになったのは、いつごろからだと思う？」というように。

　このように問いかけられることによって、話し手は、自分の相手に対する関わりを歴史的にたどることになります。(中略・引用者)

⑦　未来予想の段階〜第七段階〜

　第七段階は、『未来の予想』の段階です。

　この段階で、聞き手は話し手に、相手に対して今のままの関わりを続けるなら、これからどうなるだろうか、ということが予想できるように問いかけます。たとえば、「このまま、お友だちと顔を合わせるのを避け続けていたら、これからどうなると思うかな？」とか「お父さんと言い争いを続けていたとしたら、これからどうなると思う？」というように。

　このように問いかけられることによって、話し手は、今までの自分の感情や欲求の満たし方を繰り返していたら、どういう結果がうまれてくるのだろうかと考えてみることができるようになります。

⑧　状況対処の段階〜第八段階〜

　第八段階は、『状況対処』の段階です。

　この段階で、聞き手は、話し手に、現在の状況に対して、どのよう

に対処したら良いかを問いかけます。たとえば、「それじゃあ、お友だちと、どういうふうに関わっていったらいいと思うかな」とか「お父さんと、どんなふうにつき合っていったらいいと思うかしら」というように。

　これまでのプロセスで、話し手は、自分の過去の経験や未来への予測を視野に入れて、現在、自分が解決すべき問題をしっかりと自覚し、問題解決の意欲を抱くようになっています。この状況対処の問いかけによって、初めて、話し手は、自分なりの問題解決の方法を考え出すことが可能になってきます。

⑨　吟味検討の段階〜第九段階〜

　第九段階は、『吟味検討』の段階です。

　この段階で、聞き手は、話し手に、話し手自身が考え出した問題解決の方法が、状況に対して適切であるかどうかを問いかけます。

　たとえば、「友だちに対して、思いきって話しかけてみよう、と思うんだね。落ち着いて話せると良いね。でも、思うように話せないかもしれないよ。そういうときは、どうすれば良いと思うのかな」とか「お父さんは、君の気持ちを聞いてくれないかもしれないけど……。それでも良いのかな」というように。

　このように問いかけられることによって、話し手は、自分の考え出した解決方法が現実に実現可能なものかどうか検討することが可能になってきます。

⑩　助言提案の段階〜第十段階〜

　第十段階は、『助言提案』の段階です。

　この段階で、聞き手は話し手に、ひとつの可能性として、聞き手自身の対処の仕方を提示します。

　たとえば、「もし、先生だったら、友だちに私のこと嫌いになったのかどうか聞いてみるな。もし、嫌いだと言ったら、どこが嫌いなのか聞いてみたいな。そして、直せるものなら、直してみたいよ」とか「先生だったら、お父さんに自分の気持ちを伝えてみるわ。お父さん

のことをこわいと感じて、なかなか話せないけれど、本当は、もっといろんなことを話したいと思っているんだってね」というように。
<u>この段階で、初めて、話し手は、聞き手に問題解決を委ねるのではなく、聞き手の助言を主体的に聞き入れて、より適切な解答を自分自身で考えることが可能になるのです。</u>

（『教師のためのレター・カウンセリング』学陽書房　1998年　25－32ページ
施線は引用者）

つまり「第九段階」「第十段階」にしてはじめて、問題解決の方法を提案するのである。
　渡辺は、この10段階は「トーク・カウンセリング」、つまり話す・聞くカウンセリングのプロセスであるとしているが、「レター・カウンセリング」、つまり読む・書くカウンセリングも10段階であるとして、次のように述べる。

●肯定的関心の表明の段階〜第一段階〜
　第一段階は『肯定的関心の表明』の段階です。
　（中略・引用者）レター・カウンセリングの場合は、手紙のやりとりが中心になるので、「うなずき」や「あいづち」など、表情や身振りで、相手に肯定的関心を伝えることができません。したがって、肯定的関心を言葉で表わして伝えることが必要となります。
　たとえば、「よく、自分の気持ちを思いきって書いてくれましたね。あなたの気持ちがこの手紙から、先生に伝わってくるように感じました。先生は、あなたのありのままの気持ちを、そのままに受けとめてゆきたいと願っています。そして、どうすれば良いのかを、一緒に考えてゆくことができたらいいなぁと思っています」というように。
●反復確認の段階〜第二段階〜
　第二段階は『反復確認』の段階です。
　この段階では、書き手の気持ちが良く表われている個所を手紙の中

から取り出して、確かめます。

　たとえば、「"おかあさんは、ずっと、お兄さんのことばかりをかわいがってきた"と感じているのですね」というように。

●具体化の段階〜第三段階〜

　第三段階は、『具体化』の段階です。

　この段階では、手紙に書かれている内容の中心的なところをとらえて、具体的に書くように導く問いかけをします。

　たとえば、「どんな時に、お母さんはお兄さんばかりをかわいがる、と感じたのかな」というように。

●内面化の段階〜第四段階〜

　第四段階は、『内面化』の段階です。

　この段階では、読み手は、書き手の思いの背後に流れている感情や、その奥に潜んでいる欲求をくみとって問いかけます。

　たとえば、「"お母さんが、お兄さんばかりをかわいがっている"と感じた時、どんな気持ちになった？　腹立たしいような感じかな。それとも、寂しいような感じかな。

　お母さんにどうして欲しいと思っていたのかしら？　叱らないで欲しい、と思っていたのかな。それとも、もっとほめてほしい、と思っていたのかな」というように。

●視点転換の段階〜第五段階〜

　第五段階は、『視点転換』の段階です。

　この段階では、読み手は、書き手に相手の気持ちを察することができるように問いかけます。

　たとえば、「お兄さんと学校のことを話していた時、お母さんはどんな気持ちだったと思う？」というように。

●過去の想起の段階〜第六段階〜

　第六段階は、『過去の想起』の段階です。

　この段階では、読み手は書き手に、今までの、自分と相手とのかかわりについて、思い起こすことができるように問いかけます。

たとえば、「お母さんは、お兄さんばかりをかわいがる、と感じるようになったのはいつごろからかな？」というように。

●未来予想の段階〜第七段階〜

第七段階は、『未来の予想』の段階です。この段階では、読み手は書き手に、相手に対して、今のままの関わりを続けるなら、これからどうなるだろうか、ということが思い描くことができるように問いかけます。

たとえば、「お母さんに対して、今のような関わり方を、これからも、ずっと続けるとしたら、これから、お母さんとの関わりは、どうなってゆくと思う？」というように。

●状況対処の段階〜第八段階〜

第八段階は、『状況対処』の段階です。この段階では、読み手は書き手に、現在の状況に対して、どのように対処したら良いかを問いかけます。

たとえば、「今、お母さんに対して、どんなふうに関わったら良いと思う？」というように。

●吟味検討の段階〜第九段階〜

第九段階は、『吟味検討』の段階です。

この段階では、読み手は、書き手に、書き手自身が考え出した問題解決の方法が、状況に対して、適切であるかどうかを問いかけます。

たとえば、「お母さんに、自分の気持ちを言ってみよう、と思うのね。とても、いい考えだと思うよ。でも、先生には、ちょっぴり心配だな。お母さんに自分の気持ちをうまく言えるかしらって……」というように。

●助言提案の段階〜第十段階〜

第十段階は、『助言提案』の段階です。

この段階では、読み手は、書き手に一つの可能性として、書き手自身の対処の仕方を提示します。

たとえば、「先生だったら、口で伝えるより手紙に書いて伝えるけ

れど……。手紙の方が自分の気持ちが十分に表せるように思うから……。でも、あなたは、どうかな？」というように。

(同上書　47－51ページ　施線は引用者)

このうち、第一段階『肯定的関心の表明』と第二段階『反復確認』は、相手を受け入れ、その上で相手の言葉の反復をしたりまとめたりしながら問題状況を確認していく段階である。「レター・カウンセリング」は、いわゆる往復書簡ではあるが、それでも、説得するための文章構成をとっていると考えれば、この第一段階『肯定的関心の表明』と第二段階『反復確認』は、レトリックの「配置」における「序論」の役割をしていると考えられる。なお、残りの部分は「本論（アリストテレスの言う「主題提起」と「説得」）」と考えるべきであろう。

アリストテレスの論から「序論」の役割を引用しよう。

　序論の最も必要不可欠な、そしてそれ固有の働きは以上のこと、すなわち、弁論が目的としている主題が何であるかを明らかにすることにある。それゆえ、問題の事柄がすでにはっきりとしていたり、さほど重要でない場合には、序論を用いる必要がないのである。

(『弁論術』戸塚七郎訳　岩波書店　2002年　372－373ページ　施線は引用者)

施線部分に注目すると、問題となる状況をはっきりとさせるという共通点が導き出されるであろう。

このように、カウンセリング技法と、非文学的文章作文における文章構成のあり方には、共通性が見られることがわかる。そして、単に「序論（はじめ）・本論（なか）・結論（おわり）」と区分するだけでなく、各部分にどのような内容を織り込めば良いかをカウンセリング技法が示唆すると考えたい。

次に、カウンセリングの理論・技法と論理構造、特に「トゥルミンモデル」との関係を論じていく。

筆者は先に、第二章第1節において、一般意味論がカウンセリングの理論・技法の基礎の1つになっていることを述べた。また、同じく第二章第3節において、一般意味論と「トゥルミンモデル」が日常的論理学に関係があり、一般意味論の分析の際に「トゥルミンモデル」を活用できるという点を、中村敦雄の論を紹介することで述べておいた。
　そこで、非指示的カウンセリングのペムバートンの方法における、「クライエントの叙述の中にあるゆがみ」、あるいは、指示的カウンセリングのエリスにおける「論理療法」における「イラッショナルビリーフ（非論理的な思い込み）」と呼ばれるもの、これら2つがあらわすものはほぼ同じものであるが、それと「トゥルミンモデル」との関係とを論じることになる。「クライエントの叙述の中にあるゆがみ」「イラッショナルビリーフ（非論理的な思い込み）」は、一般意味論に関係するからである（第二章第1節で論じた）。
　まず先に、「イラッショナルビリーフ（非論理的な思い込み）」と「トゥルミンモデル」との関係について述べる。
　論理療法の原理（ABC理論と呼ばれる）は、國分康孝が簡明に説明しているので、それを見てみよう。

　　A：Activating event（出来事）
　　B：Belief（ビリーフ、固定観念）
　　C：Consequence（結果、悩み）

　　常識では、A（例：失業）はC（例：おちこみ）の原因であると考えるが、論理療法ではAはCの原因ではなく、B（例：世の中はうまくいかないにちがいない）がCの原因であると考える。それゆえ、人生の幸、不幸はBで決まると考えるのである。苦境（A）にあっても、B次第で自殺するかしないかが決まるというのである。ただし、Aといっても如何ともしがたいA（例：死）と、人為的に変化させられるA（例：火事）とがある。Aを変えるのを無視してBだけを心の中で

変えて事をすませようとすると、それは言い訳、こじつけになる。Bを変えたあと、Aが変えられるものならAを変えるように工夫をすることである。

　論理療法のツボは、①Bの修正、②Aの変容のほかに、もうひとつある。③Aの認識そのものの修正である。たとえば、「みんなが僕を嘲笑した」というのは客観的出来事（A）のように見えるが「三十人のクラスメート全員のことか？」と聞くと「三人だ」という。「嘲笑したのか？」と聞くと「嘲笑したように思ったけれど」という。

　Aがあやふやなときはこれを明確にさせるだけで、Cが変わるということもある。

　以上が私の理解している論理療法である。

（『論理療法の理論と実際』誠信書房　1999年　4－5ページ）

　この文章のようなA（出来事）、B（ビリーフ、固定観念）、C（結果、悩み）の関係を、西部直樹は図式化し、「論理と感情の共通点」を論じている。

　　論理的な議論の構造は、データとそこから導き出される主張、データと主張を結びつける理由付けから成っています。
　　感情の構造も同じなのです。主張に当たるのが、何らかの感情となります。何らかの出来事から、感情が生まれます。出来事と感情は直結しているのではなく、その間には、信念、考え方、希望や要求などがあります。これが、論理的な構造における、理由付けになります。
　　そのため、感情も主張と同じように、出来事との間にある、信念を変えることで、変わってきます。

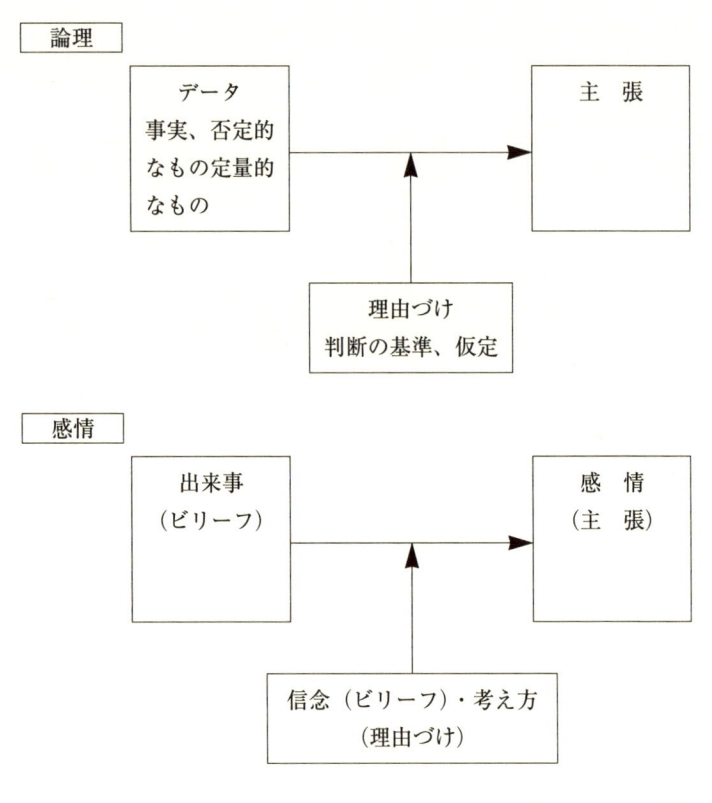

```
論理

┌──────────┐                    ┌──────────┐
│ データ    │                    │          │
│ 事実、否定的│ ─────────────→    │  主 張   │
│ なもの定量的│         ↑          │          │
│ なもの    │         │          │          │
└──────────┘         │          └──────────┘
                ┌────┴─────┐
                │ 理由づけ  │
                │判断の基準、仮定│
                └──────────┘


感情

┌──────────┐                    ┌──────────┐
│ 出来事    │                    │ 感 情    │
│ (ビリーフ) │ ─────────────→    │ (主 張)  │
│          │         ↑          │          │
└──────────┘         │          └──────────┘
                ┌────┴──────────┐
                │信念（ビリーフ）・考え方│
                │   （理由づけ）  │
                └───────────────┘
```

(『「議論力」が身につく技術』あさ出版　2003年　184ページ)

　これら2つの図のうち、「論理」の図は、まさに「トゥルミンモデル」である。よって、論理療法の考え方と、「トゥルミンモデル」との共通性も理解されよう。

　ただし、実際の日常論理の構造は、これよりも複雑な面がある。このことを、非指示的カウンセリングのペムバートンの方法における、「クライエントの叙述の中にあるゆがみ」のモデルを見ながら論じてみる。

　福沢周亮は、次のように述べている。

　　カウンセラーとしては、クライエントに、通ってきた段階を検討さ

せ、実際の出来事とそれについての叙述とを区別させ、改めて事実について検討させるということを狙うのである。

　図が、右で述べた活動の骨子を示すものであるが、矢印がもとにもどっているのは、Aの段階、つまりことばにする前のさまざまな経験、知覚、観察の段階にもどり、改めて考えさせようとすることを意味している。Bの段階はことばの段階であり、そこに番号がついているのは、「叙述1」の上位に、その叙述をもとにした「叙述2」がくることを意味している。「叙述1」が「記述的段階」であるとすると、「叙述2」は、「叙述1」のまとめの段階であったり、推論や感想が加わった段階であったりするのである。

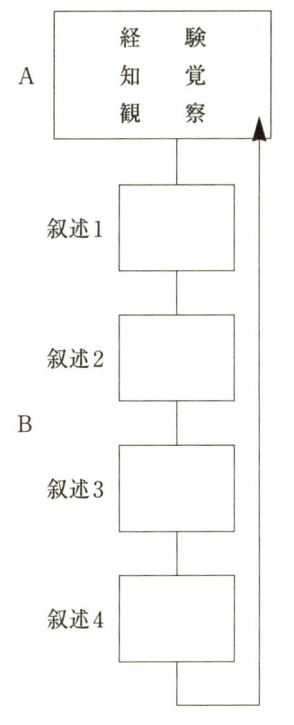

```
        ┌──────────┐
    A   │ 経  験    │
        │ 知  覚    │←┐
        │ 観  察    │  │
        └────┬─────┘  │
             │         │
        ┌────┴─────┐  │
   叙述1│          │  │
        └────┬─────┘  │
             │         │
        ┌────┴─────┐  │
   叙述2│          │  │
    B   └────┬─────┘  │
             │         │
        ┌────┴─────┐  │
   叙述3│          │  │
        └────┬─────┘  │
             │         │
        ┌────┴─────┐  │
   叙述4│          │  │
        └────┬─────┘  │
             └─────────┘
```

（『国語教育・カウンセリングと一般意味論』明治図書　2002年　150－151ページ）

このように、クライアントがある認識や感情に到達するまでに、いくつもの推論や感情が加わった段階が存在する。これと、日常論理の構造を比較してみよう。

光野公司郎は、日常論理の構造を次のように論じている。

> 日常言語における論証は、次に示すような帰納的な思考の枠組みと演繹的な思考の枠組みを組み合わせた複雑な二重構造の枠組みを持つということが言える。
>
> （中略・引用者）
>
> もちろん、「データ」や「理由づけ」が演繹的な構造で導かれたものである可能性もとても高い。（中略・引用者）日常言語レベルにおける論証の構造を考える場合、演繹的な構造が一つ含まれるものをその基本と考えた。複数含まれるものは、この基本の構造の組み合わせであると位置づけられる。

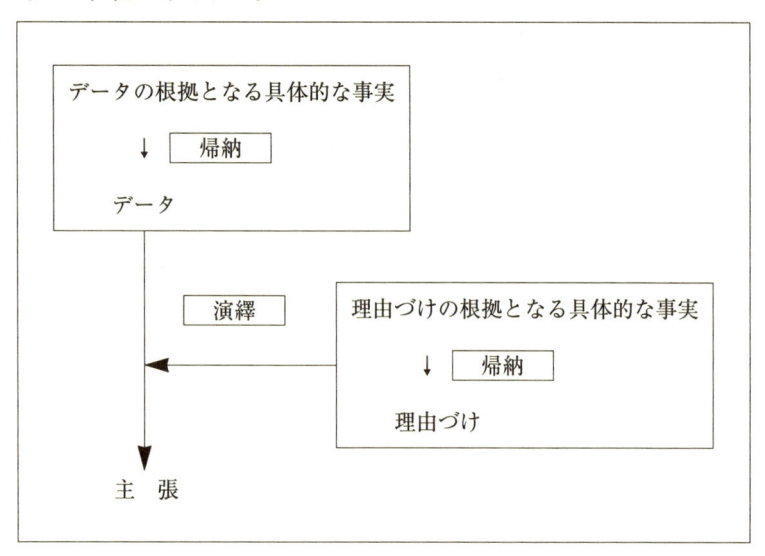

```
┌─────────────────────────────┐
│  データの根拠となる具体的な事実  │
│         ↓  [帰納]            │
│       データ                  │
└─────────────────────────────┘
            │
         [演繹]    ┌─────────────────────────────┐
            │     │ 理由づけの根拠となる具体的な事実 │
            ←─────│         ↓  [帰納]            │
            │     │       理由づけ                │
            ↓     └─────────────────────────────┘
          主 張
```

（実際の図は縦書き）

（『国際化・情報化社会に対応する国語科教育』渓水社　2003年　31－32ページ）

左の図も、トゥルミンモデルを基にした構造図だが、日常論理における論理が、蓋然的な事実の積み重ねであることがわかる。これは、先に掲げた、ペムバートンの方法における、「クライエントの叙述の中にあるゆがみ」のモデルをさらに詳しく説明したものとして理解されよう。
　以上で、カウンセリングの理論・技法と論理構造、特に「トゥルミンモデル」との関係について論ずることができた。
　ここまで述べたことから、次のような知見が得られよう。
　「悩みごと」は、論理的思考のゆがみから発生するものである。これまでの、いわゆる「悩みごと相談の手紙」実践において、この論理構造のゆがみについて配慮した実践はない。実践の際に、論理構造のゆがみについて配慮していくことで、学習者の論理的思考能力の向上に寄与することになるだろう。
　また、対話、説得の一方法としてのカウンセリング技法から、いわゆる文章構成の「序論（はじめ）・本論（なか）・結論（おわり）」の各部分の役割を学ぶことができる。このようなことで、作文学習の際、文章構成の仕方を学ぶ意義を学習者に教えやすいということになる。単に形式的に文章構成の知識を教えるのではなく、対話・説得の目的からこの構成になる、と教えることが可能になるのだ。
　これらの知見は、次章第五章において、筆者の実践において詳しく報告することにする。

第五章 「説得するために書く」作文指導の実践的研究

第1節　授業構想及び授業計画

　この章では、第三章、第四章で各研究者・実践者の研究から得られた知見から、本研究の主目的である「説得するために書く」作文指導の原理・方途を実践研究を通して示し、実践の結果を検証していく。
　この第1節では、授業構想及び授業計画を述べていく。

1　授業構想

　「悩みごと相談の手紙」を書くということで、学習者は、題材の問題点を検討しつつ、作文の想を発見していくことになる。
　そう考えると、第三章第1節で示したが、柳沢浩哉のインベンション指導の提案が生かせる。
　柳沢浩哉のインベンション指導過程を再掲する。

　　①題材の検討
　　②主題（主張の発見）
　　③材料の選択、配置
　新しい手順のポイントは次の点である。
　・題材を検討する中で、主題を発見する。（実際的には、①と②の作業を切り離すことはできない。）
　・③では主題発見に使用した材料の中から適当なものを選び配列を考える。

(「国語教科書におけるインベンションの研究」『文教大学国文』第18号
文教大学国語研究室　1989年　40ページ)

　この指導は、作文指導の全体の流れとして本研究の授業研究に位置づけることにする。
　問題の1つは、柳沢の述べる、「題材を検討する中で、主題を発見する。(実際的には、①と②の作業を切り離すことはできない)」を、どのような方法によって行うかである。
　これには、2つの方法が考えられる。
　1つは、第四章第2節で述べた、クライエントの「イラッショナルビリーフ」「叙述のゆがみ」といったものが顕わになっているテキストを学習者に対して提示し、このクライエントの「イラッショナルビリーフ」「叙述のゆがみ」を説得する作文を書くということである。
　このテキストには、128～131ページに示す、香山リカの文章（現行の教育出版中学2年生用国語科教科書に所収）が適している。「授業計画」の部分で詳述するが、このテキストのクライエントは一種の摂食障害であり、「もっと『体』を細くしないと、だれもわたしのことなんて好きになってくれないから」という「イラッショナルビリーフ」「叙述のゆがみ」を持っている。それが比較的顕わになっている文章であり、しかも国語科教科書として中学生に配慮した叙述であることから、採用可能である。
　このテキストのクライエントに対して、学習者は自然に「もっと『体』を細くしないと、だれもわたしのことなんて好きになってくれないから」という「イラッショナルビリーフ」「叙述のゆがみ」に気づき、この「イラッショナルビリーフ」「叙述のゆがみ」に対して説得する文章を書くことになる。これら「イラッショナルビリーフ」「叙述のゆがみ」は、大西道雄の述べた「内容キーワード」(「ワード」、つまり「単語」ととらえると、規模が大きいのでむしろ「内容キーフレーズ」とする方が妥当か)に該当するものと考えてよい。
　また、こうして学習者が書いた文章の構成の実態を授業者が検討し、文

章構成の指導をどのようにするか検討できる。

　２つ目は、学習者が実際に「悩みごと相談の手紙」を読み、検討する過程を重視する方法である。

　ここで、齋藤孝のボールペンによる方法を使う。この方法は、学習者の、テキストに対する反応を生かして、情報を生み出していくものである。(『三色ボールペン情報活用術』　角川書店　2003年)

　問題は、中学生にとって、「三色」も必要かということである。

　齋藤は次のように述べている。

　　赤―客観的に見て、最も重要な箇所
　　青―客観的に見て、まあ重要な箇所
　　緑―主観的に見て、自分がおもしろいと感じたり、興味を抱いたりした箇所
　　　　　　　　　　　　　　　　　　　　　　　（同上書　38ページ）

　　　三色方式を試しにやってもらって、緑が引きにくいという女の人にあまり会ったことがない。女性は、総じて緑のセンスがよい。
　　　一方、男性の場合は、緑は引きにくいと言う人が多い。とりわけ、三十年、四十年と会社勤めをしてきて、近年リタイアされた男性などは、たいていの方が緑は苦手だと訴える。　　（同上書　78ページ）

　筆者はここでジェンダー論を述べるつもりはない。「女性は、総じて緑のセンスがよい」「男性の場合は、緑は引きにくいと言う人が多い」ということ自体、極めて齋藤の主観的な見解である。ただし、実際にこのように色分けされた例を見ると、赤、青、緑で線が引かれた部分の他に、何も引かれていない白色の部分も存在する。実際には学習者は、テキストを四色の部分に認知していることになる。大人でも引きにくい三色（実際は四色）に線引きさせるのは、中学生には難しいと筆者は判断する。

　そこで、筆者の実践では、
　　青―手紙の中の「なるほど」「その通りだ」と思うところ

第五章　「説得するために書く」作文指導の実践的研究

赤―手紙の中の「違うぞ」「それはおかしい」「別の考え方もあるぞ」
　　と思うところ
という色分けを考えた。これならば色を少なくして学習者が作文のインベンションに使用する「内容キーフレーズ」を扱いやすくできるし、赤が前述の「イラッショナルビリーフ」「叙述のゆがみ」に対応しやすくなる。
　さらに、田中宏幸がまとめたインベンション指導の研究成果を箇条書きに整理したものを再掲する。これは、授業の細部の留意事項として生かす。

①学習者に知的好奇心を持たせ、学習に主体的に取り組む姿勢を育てておくこと。
②生徒の目の位置から発見した題材を教師側が用意しておくこと。
　その題材は、生徒自身の課題に転化でき、さらに発想を揺さぶられるようなもの。
⑤範文の文型や文体を応用した文章を、楽しみつつ書かせる。
⑨虚構の作文。
⑩「書き出し」の指導。
⑪「論理キーワード」「内容キーワード」
　　　　　　（『発見を導く表現指導』右文書院　1998年より、筆者がまとめたもの）

　これらは、指導過程の留意事項として位置づけられる。
　また、第四章第1節の末尾で述べたが、時数への配慮も必要である。筆者は次に述べるように4時間と設定した。
　詳しい計画を以下に述べる。

2　授業計画（全4時間）

　（第1時）・香山リカの『「わたし」のことを知っていますか』（教育出版中学校2年国語科教科書）という文章を読み、文章中の摂食障害の少女に対する説得の文章の作文を書く。

(第2時)・書いた作文から、説得するための文章構成、内容、言葉遣いを検討する。

(第3時)・4種類の「悩みごと相談の手紙」から1種類を選び、説得する手紙を書く。

(第4時)・書いた手紙を全員で回し読みしながら、コメント用紙に「納得できるところ」を書き抜く。

これから、1時間ごとの詳しい内容を述べていく。

(第1時)

　はじめに、生徒に、香山リカの『「わたし」のことを知っていますか』(教育出版中学校2年国語科教科書)という文章(128～131ページ参照)を提示する。なお、筆者の勤務する栃木県小山市立小山第三中学校では、東京書籍版の国語科教科書を使用しているため、生徒は未見の文章である。最近の中学生・高校生の心の問題を扱った文章であるだけに、田中宏幸の言う「学習者に知的好奇心を持たせ、学習に主体的に取り組む姿勢を育て」る教材となるであろう。

　この文章中に登場する、摂食障害の女子高校生の状態を読み取らせる。特に、「イラッショナルビリーフ」「叙述のゆがみ」が生徒によく理解できるように、作業用紙のレイアウトには配慮した(132ページ参照、「ワークシートその一」)。

　作業用紙に記入後、少女を説得する作文を書く。原稿用紙は通常のマス目よりも大きめのものを使用することにした。15字×20行のものを使用する(133ページ参照、実際はB4)。

読書室

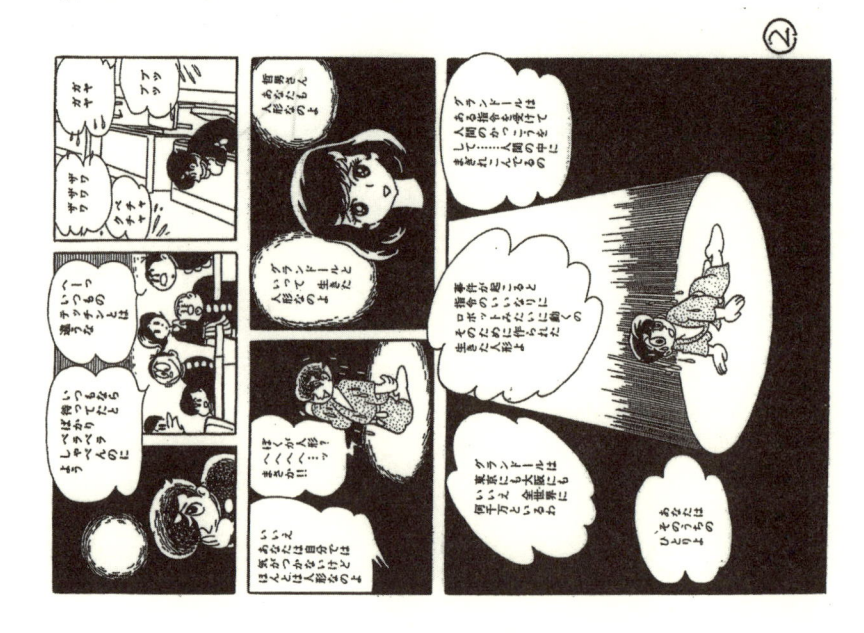

教育出版 三年 ①

香山リカ

「わたし」のことを知っていますか

　まず、次の漫画を見てください。
　これは一九六八年にえがかれた手塚治虫氏の「ブランドール」という作品の一部です。主人公の少年は「自分は、宇宙人が作ったグランドールという人形なのではないか」と悩んでいます。「自分は自分である」ということに疑問を感じているのです。
　これは、現実ではなく漫画の中での話ですが、当時の少年少女たちは、真剣にこの漫画を読み、「この気持ち、よくわかるよね。わたしもときどき、自分がいったいだれかわからなくなっちゃう」と話したりしたものでした。つまり、「わたしは、本当はだれなんだろう」という疑問に、人はずっと悩み続けてきたのです。そしてこれは、時代の移り変わりとは関係なく、人間にとって、とても大切な問いかけだと思います。今を生きる若い人たちの多くも、もっと同じように思っているのではないでしょうか。

しかし、現代の大変忙しい日常生活の中で、そのときそのときの場面や状況にあわせて自分を目まぐるしく変えながら生きている人もいます。例えば、授業中は「目だたない生徒」、放課後は「NBAを目ざすバスケットボール選手」、塾では「ガッツのある受験生」、そして、そのあとは「おもしろいジョークを連発するストリートの人気者」。一日の中でこれだけの「こころの鎧」を使い分けているような人も、珍しくありません。

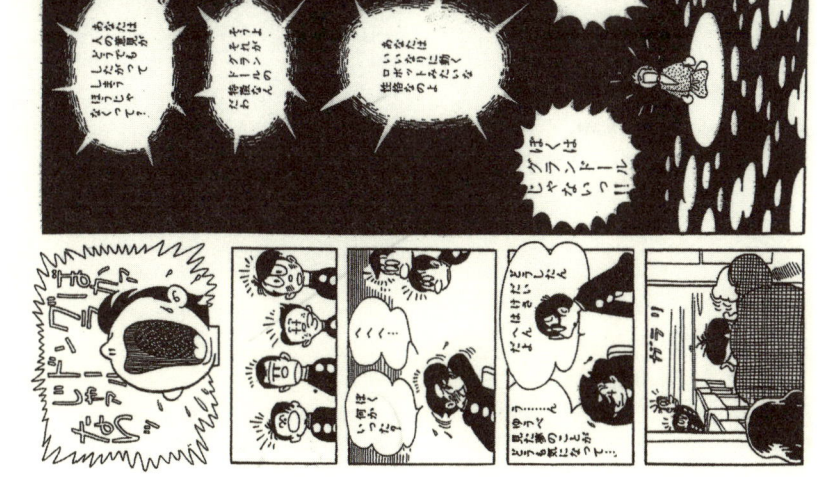

現代では、少なくとも若者たちは「わたしは本当にわたしなの?」「わたしってだれ?」と悩み続けるより、「〈こころの鎧〉がありこころのわたし」がいてあたりまえなんだね、と思っていたほうが生きやすいこともいえます。でも、中には「こころのわたし」を使い分けているうちに、自分で自分が見えなくなってしまう人も出てきます。

精神科医であるわたしのところに「こころのわたし」しているうちに自分の「心」と自分の「体」が一緒のものかどうかわからなくなった、というような人が話に来ることがあります。

ある高校生の少女は「お気に入りの服を、もう一度自分に着せてあげたいんだ」と言って、厳しいダイエットを続けていました。話を聞くと、もう何日もろくに食事をとっていないようでした。わたしが「自分の体なんだし、おなかがすいてしまうでしょ?」と

すると、少女は「全然すかない。何も感じないよ」と答えました。気に入った服を着せてあげたところ、「心」「おなかがすいた」と感じる「体」とは全く別々のものだから「体」のことなんて、わたしにはわからない、という言い方です。つまり、少女は自分の「体」をまるで人形でも見るように外から見つめ、「もっと細くて、きれいな体に服を着せてあげたい」と思っているのです。

こうなると、「本当のわたしってどんな人なの？」と自分自身に問いかけても「心」と「体」別々のことを言いだし、迷ってしまうばかりでしょう。

「わたしがわからない」「わたしってだれ？」と悩む人たちに会ったとき、わたしたち精神科医が使うのは「言葉」です。といっても、特別な言葉を使うわけではありません。わたしたちが普通に使う言葉で、相手に、自分のことを少しずつ、少しずつ語ってもらうのです。もちろん、話したくないことを無理に話してもらうことはありません。例えば、「周りの人は、わたしを明るいと言うけど、よくよく考えるといやなこともあるんです」とか「子供の時は、パイロットになりたいという夢があったんですよ」とか、話したいと思うことだけを話してもらいます。

このようにして、少しずつ自分のことを話してもらううちに、先ほどの少女は「もっと『体』を細くなると、だれもわたしのことなんて好きになってくれないから」と思っていることがわかりました。でも、実は、少女の友達も、家族も、そしてわたしも、その人がやせているから好きなわけではなかったのです。そう話をするうちに、少女は「そういえば、わたしの冗談に両親はよく笑っていたけど、以前にあったことなどを思い出し、だんだん「わたしにもいろいろなところがあるんですね」と、笑顔で話せるようになりました。そして、ふと気がついたときには、普通に「おなかがすいたな、お母さん、カレーライス作ってね」などと言うようになっていたのです。「言葉」で自分を語るうちに、「心」と「体」が自然に一つのわたしになったのでしょう。

わたしは、今を生きる若い人に、「言葉」を使って「わたしってどんな人だろう」ということを少しだけ考えたり、語ったり、書いたりしてみることをおすすめします。も

ろく、「こやだな」と思ったりしますし、言葉にする必要はないし、むりにこう言葉にならないだっていい。好きなように言葉を使って、自分のことを表現してみると、気がすっとしたり、意外な発見があったりするものです。それをみると、「よし、わたしもやってみようかな」という気になってくるのではないでしょうか。

①手塚治虫…一九二八ー一九八九 漫画家。日本のアニメーションの発展にも尽力した。
②NBA…National Basketball Associationの略称。全米バスケットボール協会。

筆者 香山リカ 一九六〇ー 北海道に生まれた。精神科医。著書に『チョンピチョンピと癒し』『〈じぶん〉を愛するということ』『イスターキ・レタャー』などがある。

出典 本書のために書きおろしたものである。

第五章 「説得するために書く」作文指導の実践的研究   131

ワークシートその一
（　）年（　）組（　）番氏名（　　　　　　）

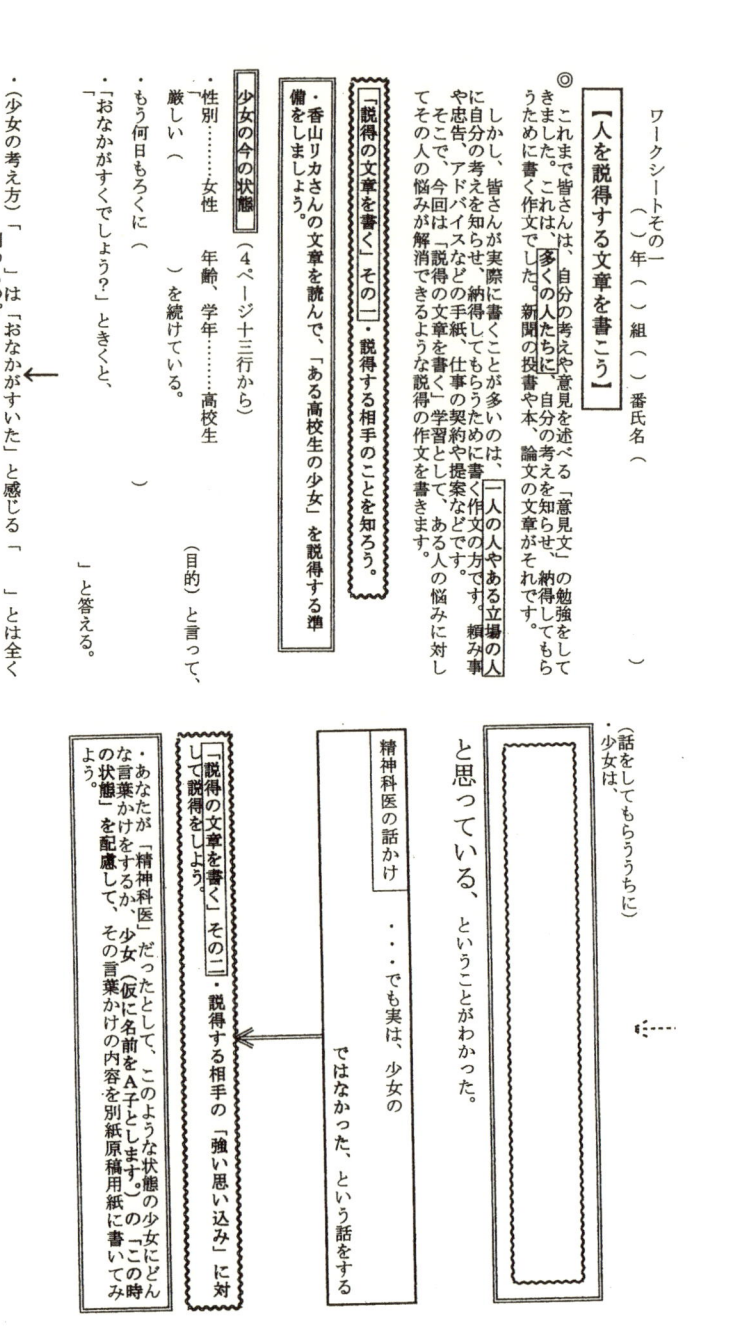

【人を説得する文章を書こう】

◎これまで皆さんは、自分の考えや意見を述べる「意見文」の勉強をしてきました。これは、自分の考えを知らせ、納得してもらうために書く作文でした。多くの人たちに、自分の考えを知らせて納得してもらうために書く作文は、新聞の投書や本、論文の文章がそれです。

しかし、皆さんが実際に書くことが多いのは、一人の人やある立場の人に自分の考えを知らせ、納得してもらう方です。頼み事や忠告、アドバイスなどの手紙、仕事の契約や提案などです。

そこで、今回は「説得の文章を書く」学習として、ある人の悩みに対してその人の悩みが解消できるような説得の文章を書きます。

【説得の文章を書く】その一・説得する相手のことを知ろう。
・香山リカさんの文章を読んで、「ある高校生の少女」を説得する準備をしましょう。

【少女の今の状態】（4ページ十三行から）
・性別……女性　年齢、学年……高校生
・厳しい（　　　　　　）を続けている。
・もう何日もろくに（　　　　　　）（目的）と言って、
・「おなかがすぐでしょう？」ときくと、
「　　　　　　　　　　」と答える。

・（少女の考え方）「　　」は「おなかがすいた」と感じる「　　」とは全く別のもの。
（自分のことを少しずつ、少しずつ語ってもらう）
（話したいと思ったことだけを話してもらう。）
…

と思っている、ということがわかった。

（話をしてもらううちに）
・少女は、

・・・でも実は、少女の　　　　　　　　　　　　
ではなかった、という話をする

精神科医の話かけ

【説得の文章を書く】その二・説得する相手の「強い思い込み」に対して説得をしよう。
・あなたが「精神科医」だったとして、このような状態の少女にどんな言葉かけをするか、少女（仮に名前をA子とします）の「この時の状態」を配慮して、その言葉かけの内容を別紙原稿用紙に書いてみよう。

（　　）　三年（　　）組　氏名（　　　　　　　　）

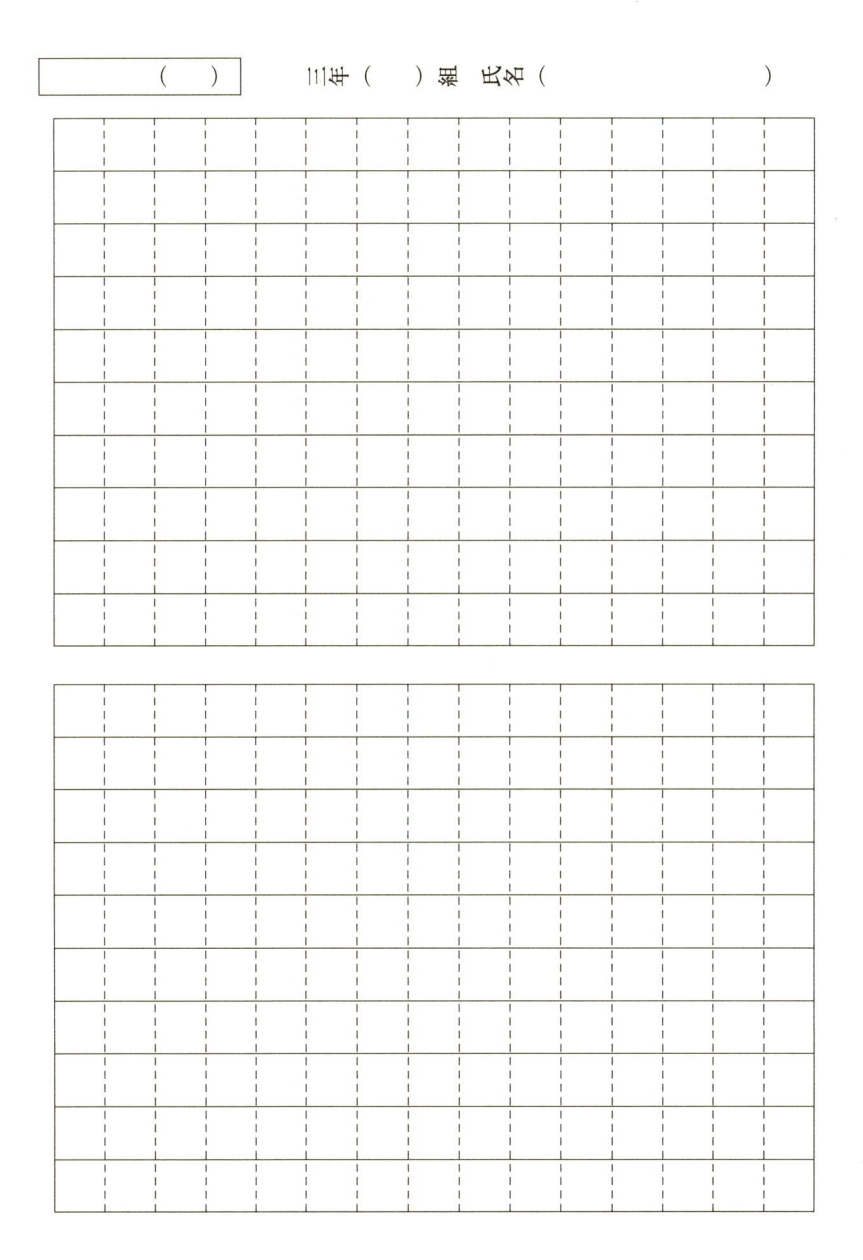

(第2時)

　「ワークシートその二」(136ページ参照)により、少女の考え方を、生徒たちと問答しつつ、確認していく。

　また、「ワークシートその三」(137ページ参照)を事前に作成しておく(ここでは、枠組みのみ示しておく)。これは、前時に書いた生徒作文の中から、「はじめ・なか・おわり」の構成と思われるものをいくつか選び、内容を合わせたものを作成しておく。

　この作文の構成、表現について生徒に話し合わせる。

　本時終了時に、予告として4種類の「悩みごと相談の手紙」(138〜141ページ参照)を配布しておき、次時にこれらの手紙のうち1つに対する返事・説得の文章を書くことを予告しておく。(各手紙の論理構造は後述する。)

　なお、これらの手紙の内容について述べていく。

　最近の中学生の悩みはどのようなものか調査報告した文献に、『モノグラフ・中学生の世界　中学生の悩み』(ベネッセ教育研究所　2001年)がある。この調査は、2001年4月〜5月にかけて、学校通しの質問紙調査で、調査対象は東京、千葉、神奈川の公立中学校の生徒2118名（男子1151名、女子967名）である。1〜3年生に学年は分布している。「東京、千葉、神奈川の公立中学校」となると、大都市圏ということになるが、今回授業研究を行う栃木県小山市立小山第三中学校も、東北新幹線の駅の近く、勉学・進学に関心の高い生徒とその家庭の多い、900人規模の大規模校である。調査結果については、かなり生徒の関心の方向が近いのではないかと考えた。

　この調査結果について、三枝恵子は次のように述べている。

　　では、中学生はどんなことで悩んでいるのだろうか。(中略・引用者)「かなり＋わりと悩んだ」数値でみていくと、「学業成績」が39.2％と最も多く、次いで「高校受験」「将来の進路」「身長や体重」が3割を超える。友だち関係は1〜2割、親・先生との関係は1割未満で、やはり成績や高校入試が大きな比重を占めている。そして「顔など、自

分の外見」（29.0％）も「身長や体重」に次いで高い数値になっており、心身の発達の悩みや他者からどのように評価されるか気にしている様子がうかがえる。　　　　　　　　　　　（同上書　31ページ）

　また別の調査では、桜井茂男によると、中学生の「学校ストレッサー」は、強い順に、「学業」「部活動」「先生との関係」「委員活動」「友人関係」「校則」であると述べ（『子どものストレス』大日本図書　2002年　112ページ）、さらに次のように述べる。

　　普通は、ストレッサーが感知された段階で、どのような対処をすればよいかが考えられ、できるだけ効果的な対処法がとられるはずである。しかし、友人関係のストレッサーにはその対処がうまく機能していないように思える。(中略・引用者)
　　友人関係でのストレッサーが大きな影響を与えることは確かであり、適切な対策を講じてやらなければならない。即効性のある対策としては、親や先生が子どもの友人関係に対してサポートしてあげることが考えられる。友人関係についての悩みをゆっくり聞いてあげたり、簡単な問題であれば助言してあげたり、むずかしい問題であれば本人が徐々に解決できるよう受け止め支えてあげたりすることが必要である。
　　　　　　　　　　　　　　　　　　　（同上書　115－117ページ）

　これらの調査結果や諸文献、さらに筆者自身の勤務上の経験から検討し、さらにトゥルミンモデルでの論理構造の検討から、筆者が4種類の手紙を作成した。

ワークシートその二
（　）年（　）組（　）番氏名（　　　　　　）

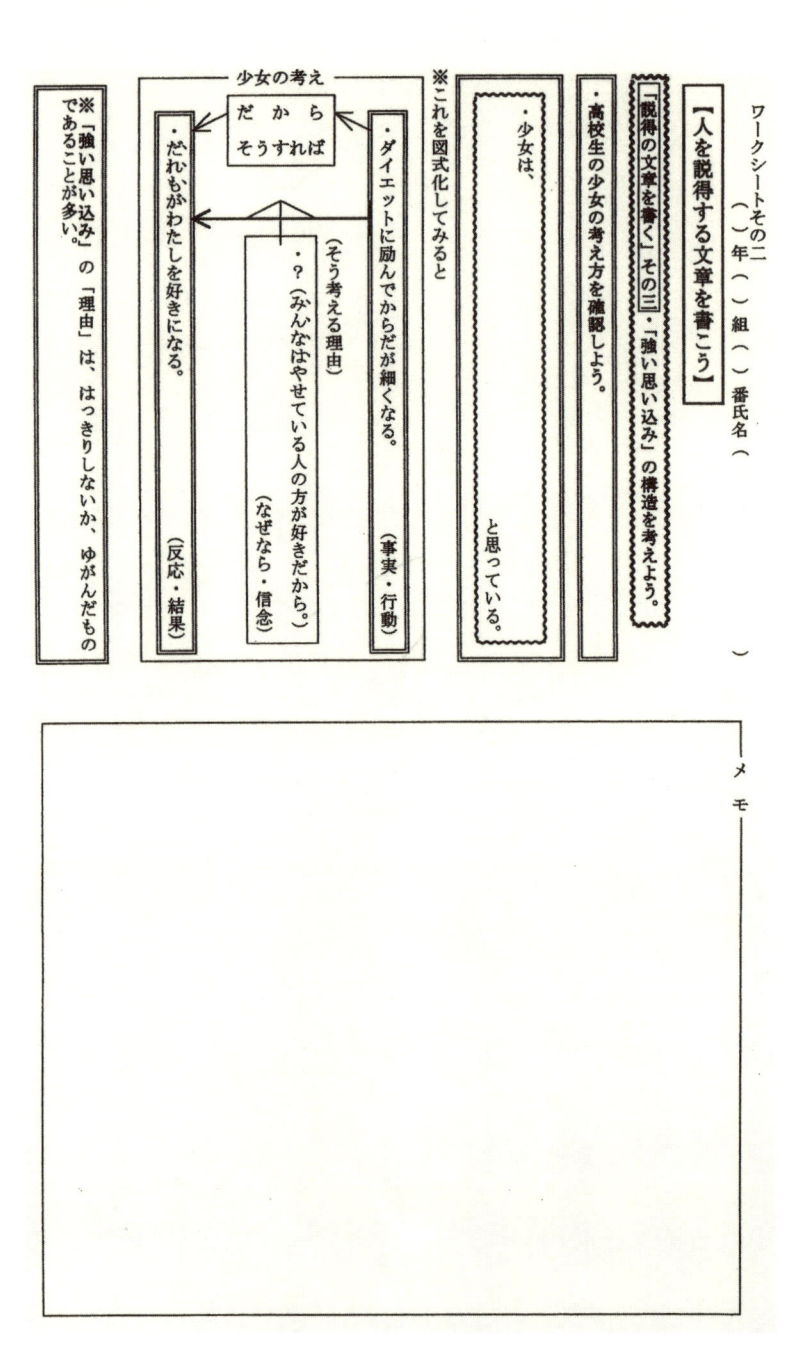

【人を説得する文章を書こう】

「説得の文章を書く」その三・「強い思い込み」の構造を考えよう。

・高校生の少女の考え方を確認しよう。

・少女は、

と思っている。

※これを図式化してみると

少女の考え

だから
そうすれば

・ダイエットに励んでからだが細くなる。
（そう考える理由）
（事実・行動）

・？（みんなはやせている人の方が好きだから。）
（なぜなら・信念）

・だれもがわたしを好きになる。
（反応・結果）

※「強い思い込み」の「理由」は、はっきりしないか、ゆがんだものであることが多い。

メモ

136

ワークシートその三
（　）年（　）組（　）番氏名（　　　　　　　　）

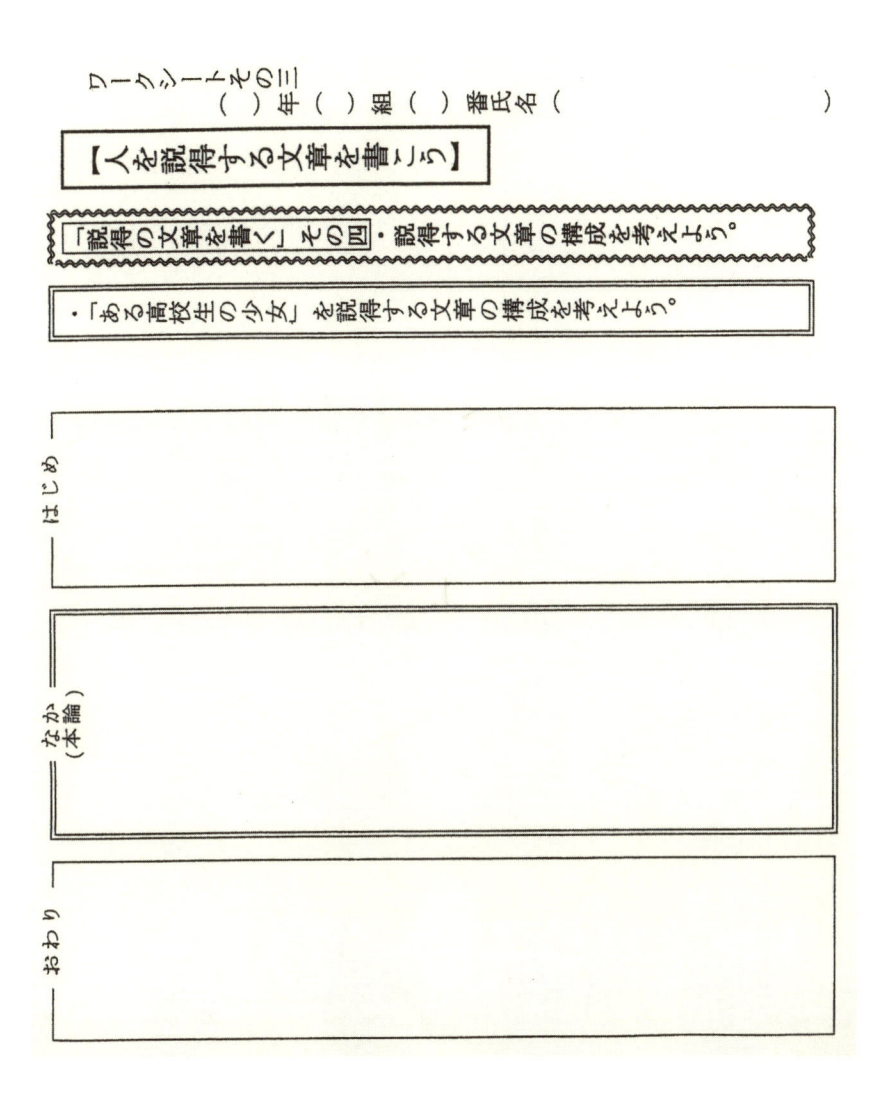

【人を説得する文章を書こう】

「説得の文章を書く」その四・説得する文章の構成を考えよう。

・「ある高校生の少女」を説得する文章の構成を考えよう。

はじめ

なか（本論）

おわり

その１（男子・中学二年・勉強）

先輩方には、お忙しいところご迷惑をお掛けしますがこれから受験に向かう僕が悩んでいるもの、その「受験」「進路」について、ひょっとしたら先輩方のほうがいろいろとアドバイスを受けたいと思ってお手紙を書いたのですが、ご存知かとと思いアドバイスを受けたいと思います。

このごろどうも勉強が思うようにうまくいきません。やろうという気持はあるのですが、どうしてもやる気がつくと、時間は机に向かったりはするのですが、ほーっとなってしまって、気がつくと、時間ばかりが僕のうちは薬局です。将来は薬局を継がなくてはならないのです。薬局を継ぐには薬剤師にならなくてはなりません。薬剤師になるためには大学進学の薬学部に入学することが必要です。大学に入るためには、大学進学の率のよい高校にいかなくてはいけないと思います。そこで僕は県立のＡ高（仮称）を目指しています。

ところが、僕は成績もよく、五段階評価で三程度です。定期テストには、目指すＡ高の合格ラインにはほど遠い答案ばかりです。理科や数学が得意な人や頑張っているなんて、理科系である薬学部に高校もいいのですが、数学や理科が苦手だと理科系である薬学部は入学も合格もできないと思います。

僕にも小学六年生になる弟もいますが、成績は僕と似たかとも思います。それに長男の僕が家を継がなくてはいけないのは明らかです。僕のは塾にも通っています。数学や理科のぶんの勉強もしかたが工夫してやっなり、最近でもはなく、自分もダメな人間のように思えてきました。

それに好きなバスケットボール部の活動中にできていませんが、部活動もレギュラーに集中にもなれず、勉強もダメで。

先輩方、僕はこれからどうしていけばいいのか、何かアドバイスを、よろしくお願いします。お忙しいところ申し訳ありませんが、よろしくお願いします。

（吉田　保）

その二（女子・中学三年・勉強）

先輩方へ

 これまでクラブ活動や学校行事で大変お世話になりました。特に私の所属するバレー部は先輩たちが活躍して大会でも好成績を残し、学校を盛り上げてくれました。私たち二年生が部活動でも行事でも先輩たちのようにうまくやっていけるか心配ですが、一番下になりますのでしっかり頑張って一番になりたいと思います。

 ところで、最近私には困ったことがあります。自分の「勉強」や「進路」についてです。どうしたらよいのかと思い、思い切って手紙を書きました。先輩方に相談したいと思い、もやもやした文章になってしまいそうなのでまとまらないまま書いてしまいますが、最近までなかなか考えがまとまらずによろしくお願いします。

 どういう状態かといいますと、どうも勉強がうまくいかなくて困っています。やろうとする気持ちはあるのですが、どうも集中できません。不安ばかりが大きくなっています。

 なぜかと申しますと、最近私はあるテレビ番組を見ていて、子供たちの悩みを聞き、子供たちに向かい合う「カウンセラー」になりたいと思うようになりました。その番組は学校に通えない子供や、ひきこもり・摂食障害の一人の子たちの姿を映し出していました。私の身の周りにもそうしたことで悩む人がいます。そして時には厳しく接するカウンセラーの方がそれを支えになり、心の問題を抱える者たちの心のよりどころになっているのです。私もそうしたカウンセラーになって、そうした人たちの心の支えになりたいと思うようになりました。そのためには、大学進学に有利な学科に進もうと思い、もっと勉強を頑張っていこうと思っています。

 と、高校にも進みたいと思い、ところが校内の定期テストでも成績が一向に伸びず、四十点から五十点がやっとで、特に国語が苦手です。これではとてもカウンセラーの仕事には適さないと思います。そこで目指す高校にも何とか合格したいと、県立高校でも難しいと思います。しかし、私の家は母子家庭なので、私立の高校では家庭のためお金の面で目指す高校にも合格したいのに、それにもかかわらず、私は勉強にも身が入らないのです。自分の夢は実現できないのではと思い、自分の調子が良くあがりません。病院で診断してもらうと、「胃潰瘍」という最悪の病名で、薬を飲んでいますが、カウンセラーにもなれないのにこんな状態でみっともなく、情けなくなってしまいます。元気にあかるく、これからも目指せないのでしょうか。

 先輩方は現在、私どもにとってのヒントをいただけないでしょうか。よろしくお願いしたく、何かヒント等いただけないでしょうか。よろしく、十分承知しております。ます。

（金井　秀子）

第五章　「説得するために書く」作文指導の実践的研究　139

その三（男子・中学一年・交友）

これからも受験に向かう先輩方には、お忙しいところご迷惑をお掛けしますが、一緒にいる友達のことで悩んでいます。

D君（仮名にさせてもらいます。）は、小学校の時からの親友です。同じサッカー少年団でのサッカー仲間だけでなく、サッカーが得意で、僕よりはるかに上手でした。僕はサッカーストライカーではエースストライカーでしたが遊ぶ時も中学校に入ってからも彼と一緒です。ご存じのように、うちの学校のサッカー部の部員は、三年生には経験者が多く、二、三年生が出場しています。僕もD君も公式戦での出場はしていません。D君はボールを蹴るのがうまく、一年生でも練習試合では三年生に混じって出ることが多いと思いました。僕はうらやましいと思うことが多くなりました。

D君とは、サッカーの練習の後、一緒に帰るのですが、最近「ついていけないな」と思うことが多くなりました。D君は、タクシーの代はそれぞれ出すのですが、時々二百円、三百円とD君が借りてきます。僕もそのつど貸していますが、今までD君が返してもらったことがありません。

D君はサッカー部の試合に出ることが多くなったせいか、試合などに出られない二年生の悪口を言うことがあります。それも、練習中などに言うのでよく上級生とケンカになるようです。D君が引き分けをしてくれないと、ぼくもコンコンと聞きました。

このD君のことは、僕は先生や親には話をしていません。なにかお金の話や、親友を裏切るような気がしてできないのです。

それでどうしていけばよいのか、何かアドバイスをお願いします。お忙しいところ申し訳ありませんが、よろしくお願いします。

（高田　守人）

140

その四（女子・中学一年・交友）

　私たち一年生は、中学校での生活にも少しずつ慣れてきました。一学期もとびっきり楽しかったし、夏休みに先輩方はほとんど部活動で過ごしたのですが、充実していました。二学期も楽しみにしていたのですが……。

　理由は、二学期に入って席替えをしたのですが、月曜日から席替えが楽しくなくなってしまったのです。こんな気持ちになったのも、毎日が面白くなく、学校に行くのがつらくなってしまったからです。最近、私はすっかり元気がなくなってしまいました。

　一学期間、私と直美さんはクラスの席が隣同士で小学校からの親友です。部活動も一緒で、席替えまでは、毎日直美さんと楽しく過ごしていたのですが、月曜日からは席が離れてしまったのです。だから、席替えをしてからはまだ一日しかたっていないのですが、自分が見捨てられたような気がして、由美さんとも友達とも悲しくなってしまうのです。私は新しく隣になった人に対しても、その人たちの方からしかけてくれないかぎり、自分から話しかける気になれません。だから私は、周りに人がいるにもかかわらず、教室でほとんど黙っているように過ごすことが多くなりました。二学期に入って、直美さんとほとんど話をする機会がとれません。部活動も忙しくなってきました。三年生が部活動から引退をするせいで、直美さんとほとんど話ができません。部活動も面白くなくなってきました。このままでは、私はひとりぼっちになってしまいます。私の親友は直美さん一人です。

　私はどうしたらいいのでしょうか。助けてください。

　　　　　　　　　　　　　　　（沢田　美奈）

(第3時)

　第3時は、「4種類の「悩みごと相談の手紙」から1種類を選び、説得する手紙を書く」という学習活動である。
　「はじめ」「なか」「おわり」に分けた原稿用紙（144～146ページ）と、「説得する作文の書き方の手引き」（147ページ）を用意する。
　「「はじめ」「なか」「おわり」に分けた原稿用紙」について述べる。
　このように原稿用紙を分ける方法は、山田加代子の「山田式読書感想文指導法」から学んだ。
　松野孝雄は次のように述べている。

> 　次の三色の作文用紙を教室に用意しておく。
>
> | 【赤色の印をつけた作文用紙】……① | 本の中で一番心に残った事柄、初めて知ったことを書く。 |
> | 【青色の印をつけた作文用紙】……② | ①で書いたことと合致する自分の体験や考えを書く。 |
> | 【黄色の印をつけた作文用紙】……③ | ①と②を比べて、自分の考えを書く。 |

（『市毛式生活作文＆山田式感想文の技術』大森修編著　明治図書　1995年　81ページ）

　ここでは、「赤色の印をつけた作文用紙」「青色の印をつけた作文用紙」「黄色の印をつけた作文用紙」はそれぞれ「はじめ」「なか」「おわり」に相当することになる。
　特に「赤色の印をつけた作文用紙」の内容は、「本の中で一番心に残った事柄、初めて知ったことを書く」ということである。つまり、本の記述の中の、具体的な部分の引用、要約ということである。これは、第四章第2節で述べた、「序論（はじめ）」のはたらき・内容とも合致する。
　また、「青色の印をつけた作文用紙」では「自分の体験や考え」を書く

という点で、いわゆる「本論（なか）」「説得推論」に該当するだろう。
　実際の授業では色はつけないが、このように分けて原稿用紙を作成しておく。

はじめ（　　）　　三年（　）組　氏名（　　　　　　　）

(相手の言葉への共感・「～だよね。」「～と言うのもよくわかる。」「なるほど」など)

な　か（　　）　　三年（　　）組　氏名（　　　　　　　　　）

（「だから」「でも」「しかし」ではじめる。）
（中心的な問題に対して近くる。）

おわり（　　）　　三年（　　）組　氏名（　　　　　　　　　）

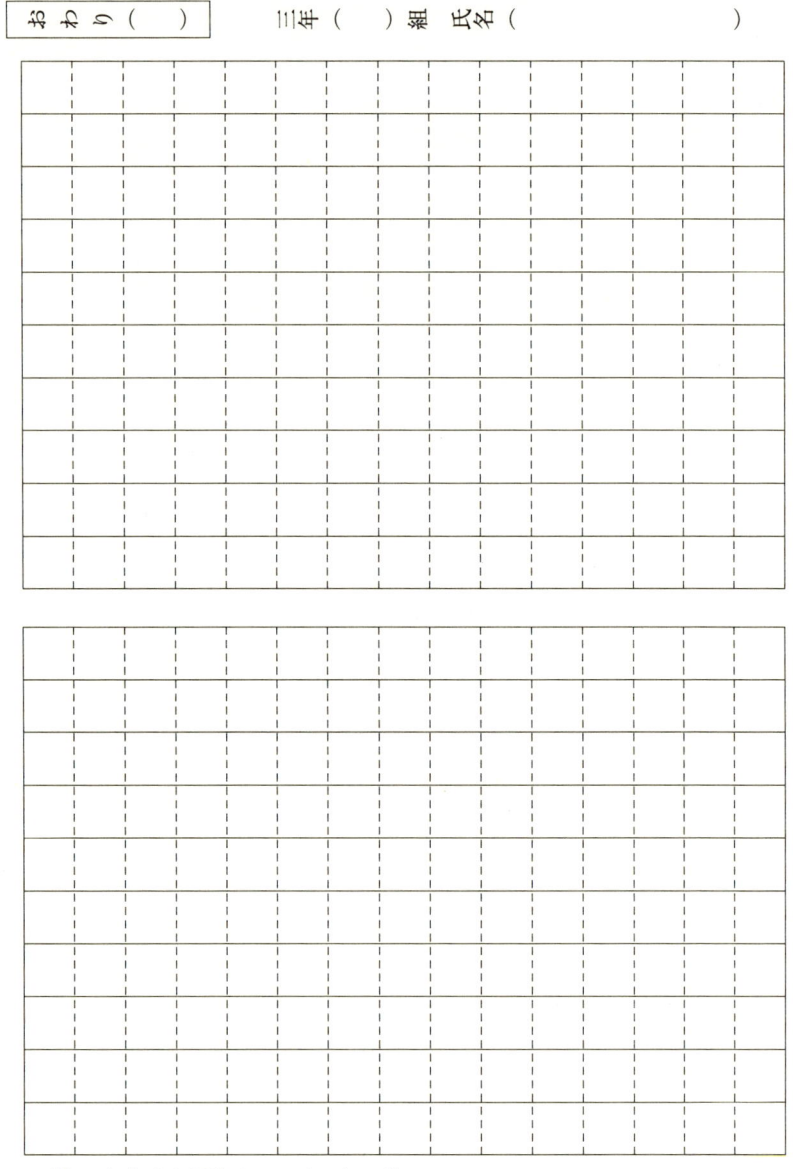

（今まで書いた内容のまとめをする。）
（次回の相談のお誘いをする。）

三年国語選択　説得する作文の書き方の手引き

小山第三中学校
摺田誉美

・ □にチェック✓を入れながら、書く手順を確認していきましょう。
　もし、どうしても自力でできない時は、摺田先生に相談しましょう。

書き終わらない人は下校時刻までに書いてもらいます。

□・相談に応じる手紙を選ぶ。（5分以内）（これだけは自力でやる。）

　・ここから先、すぐに作文に取り組める人は、作文を書きましょう。
　・「はじめ」「なか」「おわり」のそれぞれの原稿用紙は、どの用紙からはじめてもいいし、最後の行までいかなくてもかまいません。書ける部分からどんどん書きましょう。ただし、**全部で２０行以上**（３００字になります）書きましょう。

□・青鉛筆、青ペンで、手紙の中の「なるほど」「その通りだ」と思うところに線を引く。

□・原稿用紙「はじめ」のところに、
　　青線で引いたところを中心にして書く。（「〜と言うのもわかるよ。」などと共感の言葉を文の最後に書きながら。）

□・赤鉛筆、赤ペンで、手紙の中の「違うぞ」「それはおかしい」「別の考え方もあるぞ」というところに線を引く。

□・原稿用紙「なか」のところに、
　　赤線で引いたところを中心にして書く。

□・原稿用紙「おわり」には、
　　今までに書いたことのまとめ、要約や、
　　次の相談への誘い　などを書く。

□・誤字、脱字の確認。（書き間違いがないか、よく確認します。）

ここまでやって終了です。お疲れ様。

「説得する作文の書き方の手引き」について述べる。
　これは、いわゆる「学習の手引き」である。これまでにも、作文に限らず、「学習の手引き」の有効性は評価されてきたが、特に作文のような複雑な作業に際して、生徒の学習に対する配慮が求められる。
　たとえば、ADHD（注意欠陥多動症候群）研究の立場から、メアリー・ファウアーは次のように述べている。

　　ADHDの子どもたちは、長時間机に向かっているのが苦手な上、飽きっぽい。午前中の方が勉強できるとか、同じプリントでも、最初のほうはできているのに、後のほうほどミスが増えるということもある。こういう特徴を知っていれば、次のような工夫ができる。
　・頭を使う科目を午前中に持ってくる。
　・あらかじめ休憩時間をたくさん組み込んでおく。
　・記述式の作業の分量を減らす。
　・同じ作業が続かないように、テイストの違う課題をはさみ込む。
　・何段階もの手順をこなさなければならない複雑な課題は、小分けして与える。
　　　　　（『手のつけられない子それはADHDのせいだった』扶桑社　1999年
　　　　　　357ページ　施線は引用者）

　たとえば、課題はなるべく細かく一段階ずつに分けて、一つずつ与える。一つ終えたら、そのたびに採点し、評価を与えてから次の課題に進ませる。
　この方法は、機械的すぎるといって評判が悪いが、ADHDを持つ人は、こういう秩序を外から与えてもらう必要があるのだとバークリー博士は説く。この方法のいいところは、たっぷり評価の言葉をかけてもらえるという点だろう。　（同上書　362ページ　施線は引用者）

　また、リンダ・J・フィフナーは「長時間努力を続け、課題をやり遂げ

る動機をさらに高めるために」考慮すること九箇条の一つとして、「大きな課題はいくつかの小さなものに分割しましょう」(『ADHDをもつ子の学校生活』中央法規出版　2002年　39ページ)と述べている。

　これらのことから考え、特にチェックリスト方式にして、学習者である生徒も、指導者も、作文の進行状況がひと目でわかる手引きを作成した。

(第4時)
　第4時は、「書いた手紙を全員で回し読みしながら、コメント用紙に「納得できるところ」を書き抜く」という学習活動である。
　151ページの作業用紙を各自の作文にクリップで留めて、作文の回し読みをさせ、「「納得できるところ」を書き抜く」という作業を通して、生徒に主に記述、言い回しに着目させることにした。すでに作文を書く際に、生徒は文章構成に配慮した書き方をしているため、生徒が本時で学習する事項は、主に記述、言い回しに限定してよいのではないかと考えた。
　なお、本時の設定については、第四章第1節で紹介した、貝田桃子の実践(第八時)より学んだ。
　また、152～153ページに示すように、「授業後のアンケート」を実施した。

第 4 時 間 目 の 学 習 の 手 引 き

摺田 誉美

3年（　）組氏名（　　　　　　　　）

※今日は、お互いの作文を読み合って、
「納得したところ」を書き抜く学習をします。
　この作文の学習の作文は架空の人にあてたものですので、相手が実際に読むことはできません。もっとも、国語の授業における作文のほとんどは架空の人物にあてたものがほとんどと考えてよいと思います。意見文などがそうです。小学校や中学校ではこうして実際に実在の相手に書く時の準備の学習をするのです。

　そこでこの時間は、
「自分だったら、こういう書き方をされたら納得するよな」
というところを書き抜いて、**相手が実際に読むかわり**にしたいと思います。
相手と同世代の君たちがどんな内容や書き方に納得するか、先生も勉強したいと思います。

【学習の進め方】（□にチェック印をしながら進めましょう。）

1. □・他の人の作文を読んで

「納得したところ」（「一文書き抜き用（小さい□）」と「複数の文書き抜き用（大きい□）」の二つの用紙あり。）
のプリントに文を書き抜く。

> （どちらも最低１つずつ書く。）
> （最低１０名に書いてもらう）
> （「〇〇君と同じ」はダメ。きちんと、こく、コピーや展示にたえられるようにしっかり書く。）

時間の最後に、

1．作文　　2．「納得したところ」プリント
3．アンケートプリント

の三つを集めます。

「説得力をつけよう」練習

※悩み相談の回答者になって文章を書きます。「コツは納得である」ということろを書きつつ、「コツ」を探しした。今度はお互いに読み合って、書き抜いてみましょう。

氏名

氏名

氏名

氏名

氏名

氏名

氏名

氏名

氏名

氏名

第五章 「説得するために書く」作文指導の実践的研究　151

3年国語選択　授業後のアンケート

2003年10月
小山第三中学校
摺田　誉美

3年（　　）組（　　）番　氏名（　　　　　　　　　　　）

※「説得する作文」の授業について、次のアンケートに答えてください。なお、このアンケートは摺田先生の修士論文研究の資料として使い、他の目的では使いません。

1．次に挙げる授業で使った資料で、あなたにとって特に勉強の助けになったものはどれですか。（　）に○を書いてください。（複数回答は可）
　　（　　）・香山リカさんの文章
　　（　　）・ワークシートその1（高校生の少女A子さんの状態をまとめるための穴埋めプリント）
　　（　　）・ワークシートその2（強い思いこみを図式化したもの）
　　（　　）・ワークシートその3（みんなの書いた作文を「はじめ」「なか」「おわり」に構成してまとめたものと、「説得する文章」と「意見文」の比較）
　　（　　）・作文を書くための「はじめ」「なか」「まとめ」それぞれの原稿用紙
　　（　　）・作文を書くための「手引き」（チェック欄つき）
　　（　　）・友達の作文を読んで書く「納得したところ」プリント

2．2回目の作文を書く時に使った「はじめ」「なか」「まとめ」それぞれの原稿用紙の使い方について聞きます。

①次のどの使い方でしたか。あてはまる方に○をつけてください。
　　（　　）・「はじめ」をまず書き、「なか」「おわり」と順序よく書いた。
　　（　　）・「なか」を先に書いた。
　　（　　）・「おわり」を先に書いた。

②書き進め方はどのようでしたか。
　　（　　）・「はじめ」「なか」「おわり」のどれか一部分を集中的に書いていったん終わらせ、他にうつった。
　　（　　）・「はじめ」「なか」「おわり」の各部分を少しずつ書き足していった。

３．2回目の作文を書く時の「手引き」の使い方について聞きます。
　次のどの使い方でしたか。
　　（　　）・全部の項目にチェック印を入れながら使った。
　　（　　）・ほとんど使わなかった。

　この授業を受けての感想や、この授業を他の中学校や学年で行う際に「もっとこうしたら」という意見など、書いてください。

　　　　　　　　　　　　　　　　　　　　　　　ありがとうございました。

第2節　授業実践と考察

　この節では、前節での授業構想・授業計画を受けて、実際に行った授業の報告と、得られた知見について述べていく。

対象：栃木県小山市立小山第三中学校3年選択国語
　A組（男子21名、女子13名、計34名）
　B組（男子10名、女子23名、計33名）
　C組（男子18名、女子16名、計34名）
　当校国語科主任によれば、学力的には通常の学級とほぼ同じような生徒の分布であり、クラスによって男女比が異なるのは、もっぱら生徒の人間関係を重視して編成した結果であるという。
　筆者は当初、中学2年生での実施を想定していた。理由は、第二章第3節で岩永正史の論を提示して、中学2年生でほぼ大人と同じような論理構造を持つことになることを示したが、ここから本実践は中学2年生が妥当ではないかと考えたからである。
　しかし、2学期の行事・部活動の大会等により日程調整が難しく、また、1学年7学級のため進度調整が困難になってはいけないとの配慮から、3年生での実施、しかも通常の国語科授業での進度への配慮から、選択国語科での実施となった。

実施年月日：2003（平成15）年9〜10月
　A組：9月9日（火）、30日（火）、10月21日（火）、28日（火）
　B組：9月16日（火）、24日（水）、29日（月）、10月1日（水）、8日（水）（5時間の実施になっているのは、10月1日（水）の授業が地域の人たちへの学校公開の授業であったため、他の2クラスとは別の授業を組んだため。後述する。）
　C組：9月4日（木）、18日（木）、25日（木）、10月9日（木）

授業の実施状況と調査結果・考察

（1）第1時　香山リカの『「わたし」のことを知っていますか』（教育出版中学校2年国語科教科書）という文章を読み、文章中の摂食障害の少女に対する説得の文章の作文を書く。

　まず、前掲（128～131ページ）の『「わたし」のことを知っていますか』を範読した。そして一度、特に文章中に「　」表示した、摂食障害の女子高校生の話の部分を生徒に斉読させた。

　次に、この女子高校生の話をまとめたワークシートその一（前掲、132ページ）の穴埋めをさせた。これは特に問題なく、スムーズに進行した。（生徒の記入例を156ページに示した。）

　そして、ワークシートにある通り、「カウンセラーになったつもりで、このような状態の少女にどんな言葉かけをするか、少女の「この時の状態」を配慮して、その言葉かけの内容を書いてみよう」と指示し、生徒に作文を書かせた。

　しかし、なかなか書き始められない。相手の状況は先のワークシートに記入でき、ある程度生徒は把握できているものの、目的に合わせた文章構成をイメージできにくいようだ。

　そこで、生徒全員を起立させ、「2文書けたら先生の所に持ってきなさい。その後はなるべく長くなるように書きなさい」という指示をした。3～5分後、生徒は2文書いて持ってきた。

　この時に生徒が書いた作文について次に述べる。

　多くの作文が、この場での思いつきをもとにして書いたものだけに、いわゆる「序論（はじめ）・本論（なか）・結論（おわり）」のような構成とはなっていない。キーフレーズとしてのイラッショナルビリーフに対しての反論・説得が中心となっている作文が多い。

　ただし、A組、B組、C組それぞれに1編ずつ、「序論（はじめ）・本論（なか）・結論（おわり）」のような構成をとっている生徒作文があった。

第五章　「説得するために書く」作文指導の実践的研究　　155

ワークシートその一

（三）年（三）組（　）番氏名（　　　　）

【人を説得する文章を書こう】

◎これまで皆さんが実際に書くことが多いのは、自分の考えや意見を述べる「意見文」の勉強をしてきました。これは、多くの人たちに、自分の考えを知らせ、納得してもらうために書く作文でした。新聞の投書や本、論文の文章がそれです。

しかし、皆さんが実際に書くことが多いのは、自分の考えを知らせ、納得してもらうために書く作文の方より、頼み事や忠告、アドバイスなどの手紙、仕事の契約や提案などです。そこで、今回は「説得の文章を書く」学習作文として、ある人の悩みに対しその人の悩みが解消できるような説得の作文を書きます。

「説得の文章を書く」その一・説得する相手のことを知ろう。

・香山リカさんの文章を読んで、「ある高校生の少女」を説得する準備をしましょう。

少女の今の状態　（4ページ十三行から）

・性別……女性
・「おそいパンツの服を、もう一度、自分に着せてあげたいんだ」（目的）と言って、厳しい（ダイエット）を続けている。
・もう何日もろくに（食事をとっていない）
・「おなかがすくでしょう？」ときくと、「全然すかない。何も感じないよ。」と答える。

・（少女の考え方）「心」は「おなかがすいた」と感じる「体」とは全く別のもの。

・（自分のことを少しずつ、少しずつ語ってもらう話したいと思ったことだけを話してもらう）

（話をしてもらううちに）
少女は、

もっと体を細くしないと、だれもわたしのことなんて好きになってくれないから

と思っている、ということがわかった。

精神科医の話かけ

……でも実は、少女のお友達も家族も、そしてわたしも、その人がやせているから好きなわけではなかった、という話をする

「説得の文章を書く」その二・説得する相手の「強い思い込み」に対して説得をしよう。

・あなたが「精神科医」だったとして、このような状態の少女にどんな言葉かけをするか、少女（仮に名前をA子とします）。この時の状態。」を配慮して、その言葉かけの内容を別紙原稿用紙に書いてみよう。

これをそのまま次時のために使うのではなく、他の作文の言葉を組み合わせて、それぞれのクラスで生かすことになる。
　その原型の、A組、B組、C組の1編ずつの作文を次ページ以下に示す。
　なお、A組に3例ほど、相手の状態を配慮していない、やや真剣味に欠けた作文例があった。今後の本実践の追試の際には、たとえば本実践の後に出版されたものだが、同じ香山リカの次の文章を同時に提示し、摂食障害や拒食症に対する生徒の認識を高めておく必要がある。

　　「食」は人間の本能と結びついていることなんだから、深く考えることはないんだよ。よくこんな意見も聞きますが、それは違います。もちろん、生命維持のための最低限の「食」は本能なのかもしれませんが、とくに現代人の場合、「食」は心の中のいちばんデリケートな部分とダイレクトに結びついた、複雑で奥の深いものだと私は思っています。（中略・引用者）
　　まず、摂食障害。これには「やせたい」と思ってダイエットを始め、すでに十分、体重が減っても食事制限をやめることができない拒食症と、同じように「やせたい」と思いながらも食事制限の反動で食べ続けるのをやめられない過食症とがあることは、今は多くの人たちが知っていると思います。
　　この摂食障害は、外から見るととても不思議な病いです。なぜなら、その人は自分の意志で「食べないようにしている」か「食べ続けている」ように見えるので、悩んでいるなら自分でなんとかコントロールすればいいじゃないか、と思えてしまうからです。実際、この病いがまだよく理解されていなかった時代には、先輩精神科医の中には、「過食と言ったって自分で食べているんだから、意志を強くしてやめればいいじゃないか！」とつい説教をしてしまう人もいました。
　　ところが、その人たちは「これじゃいけない」と頭ではわかっていても、どうしても自分では食べられない、あるいは食べるのをやめられないのです。「なんとかして！　私の手を縛って！」と、泣きながら訴えた過食症の女性を、私は今でも忘れられません。
　　この摂食障害の人たちの問題は、表面的には「過激なダイエットとその反動」に見えますが、実はその奥にあるのはやっぱり人間関係です。

第五章　「説得するために書く」作文指導の実践的研究　　157

とくに母娘関係に問題を抱える人が多いのですが、より広い範囲の人間関係でつまずき、むなしさやあせりから拒食、過食に走っている人も少なくありません。その人たちにとっては、出口の見えない人間関係の問題に手をつけるよりも、たとえそれが間違ったやり方だったとしても目に見える「食」のあり方を変える方が、とりあえずは気持ちが満たされるのではないかと感じられるのです。もちろん、そう意識して拒食や過食を選択しているのではないのですが。

　　　　　　（『「心とおなか」の相談室』NHK出版　2003年　193－195ページ）

（A組　H．S（女子））

　今、高校生だし、やせてかわいい服きて、おしゃれしたいよね。私もそういう時期があったよ。

　でもダイエットには色々な方法があるんだよ。食べないダイエットより、運動するダイエットの方が絶対にいいと思いますよ。そうすればやせるし、気分もスッキリするし一石二鳥ですよ。あなたは食べなくても平気だと言っていますが、食べないといつか倒れてしまいますよ。それでもし、死んでしまうなんてことになったら、あなたが着たがっているかわいい服も、着れなくなってしまうんですよ？　少なくともあなたの両親は、服を着るためにダイエットして死んでしまうより、そのままの元気なあなたでいてくれた方が、きっと幸せだと思いますよ。だって両親は誰よりもあなたのことを愛しているんですから。あなただけの身体じゃないんです。

　たくさんの人たちが、あなたを想ってくれているんですよ。あなたは自分では気付かないかもしれませんがね。人間、1人ぼっちの人なんていないんです。欠点は誰しもあるけど、いい所も必ずあるんですよ。

　　　　　　　　　　　　　　　　　　　　　　　　　　（15字×29行）

（B組　K．N（女子））

　お気に入りの服を着たいという気持ちは、すごくいいと思うよ。

　でも、そのために自分の体がすごく苦しんでいることにも気付いてほし

> いな。服一枚のためだけに、ダイエットをして病気にでもなったら。それこそ、お気に入りの服を着られないどころか、両親も大変になるし。あなたにとってのお気に入りの服は、体を細くするだけで似合うもの？　その服は、体にぴったりなだけでなく心を磨くことも大切なんじゃないのかな。

> 　食事も取りながら、楽しく運動でもしてごらん。自分を苦しめるだけのダイエットなんて止めた方がいいよ。
>
> (15字×17行)

(C組　O.T（男子）)

> 　A子さん、お気に入りの服を着たいんだって。その気持ちよく分かるよ。そうすれば、みんなが自分を好きになってくれるのではないかと思うのも、よく分かる。

> 　だけど、別に、やせていてきれいな服を着ているから、みんなが好きになってくれる、というわけではないんだよ。まず、今までのことを振り返ってみよう。そのみんなに好かれている人は、本当にやせているからという理由なのかな。きっとそうではないと思うよ。あなたも別にその人がやせているから好きというわけではないでしょう。皆、あなた自身を好きになるんだよ。

> 　あなたにもたくさんいいところがあると思うよ。あなたの言った冗談に両親がよく笑ってくれたという
>
> (時間切れにより中断・15字×20行)

　本時に生徒が書いた作文の分量は、最高15字×36行、最低0行（この生徒のその後については後述する）、平均15字×14.74行であった。30分弱の時間としては、分量としてはまずまずであろう。

　ただし、次のような作文例もあった。
　(B組　I.G（男子）)

第五章　「説得するために書く」作文指導の実践的研究　159

> (自) やせれば好きになってくれると思っているみたいだけれども、みんなは本当にそれを望んでいるのかな。
> (少) わからないけれど、たぶんそう思っていると思う。
> (自) じゃあ、これはあなたの想像だね。<u>それじゃあ、なぜこうだと思うのかい。</u>
> (少) ……。
> (自) ダイエットは簡単だと思うでしょう。でも、まちがったダイエットをすると拒食症などの恐ろしい病気になることもあるんだよ。今の君のやり方は厳しすぎると思うんだ。ダイエットを止めろとは言わない。けれども正しい方法をとった方がいい。みんながやせろと言うんだったら。
> (少) 私、少し考えてみることにする。
> 　　　　　（注：(自) は自分、(少) は少女の意、15字×20行、施線は引用者）

　B組では、もう1編、同じような形式の作文があった。これは、授業において、作文を書く場の設定が生徒によく理解され、こうした対話形式の作文が書かれたものであると評価した。また、施線部分は、イラッショナルビリーフに対して反論する、論理療法のフレーズである。論理療法そのものを生徒に教えるよりも、場の設定とイラッショナルビリーフを際だたせた教材の工夫により、論理療法的なフレーズを生徒から引き出すことが必要だと考える。

（2）第2時　書いた作文から、説得するための文章構成、内容、言葉遣いを検討する。

　まず、ワークシートその二（161ページ）で、前時の女子高校生の考え方の確認を問答形式で生徒と確認していった。次に、前時に書いた作文を集積し、先に挙げたA組　H.S（女子）、B組　K.N（女子）、C組　O.T（男子）の作文を骨組みにして、そこにそれぞれのクラスの生徒の作文の言葉遣い・フレーズを肉付けした作文をワークシートその三として提示した（162～164ページ）。

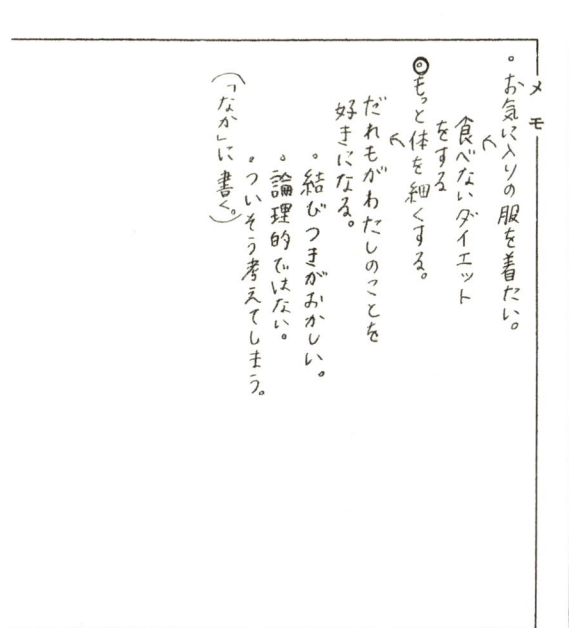

ワークシートその二
三年（五）組（六）番氏名（　　　）

【人を説得する文章を書こう】

・「説得の文章を書く」その三・「強い思い込み」の構造を考えよう。

・高校生の少女の考え方を確認しよう。

メモ
・お気に入りの服を着たい。
・食べないダイエットをする
◎もっと体を細くする。
・だれもがわたしのことを好きになる。
・結びつきがおかしい。
・論理的ではない。
（ついそう考えてしまう。）
（「なか」に書く）

※これを図式化してみると

・少女は、

と思っている。

少女の考え
だから
そうすれば

・だれもがわたしを好きになる。

・ダイエットに励んでからだが細くなる。
（事実・行動）

・？（みんなはやせている人の方が好きだから。）
（そう考える理由）
（なぜなら・信念）

（反応・結果）

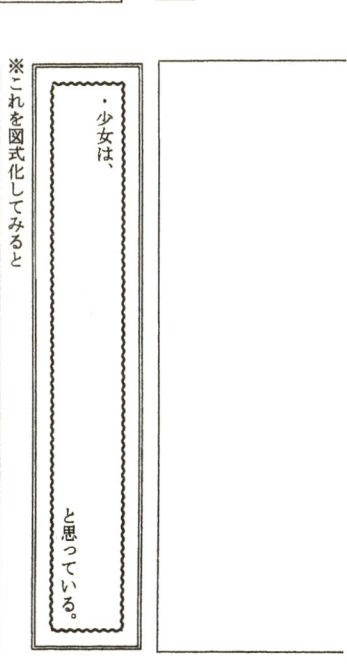

※「強い思い込み」の「理由」は、はっきりしないか、ゆがんだものであることが多い。

第五章　「説得するために書く」作文指導の実践的研究　161

ワークシートその三　三年（Ａ）組（　）番氏名（　　　　）

【人を説得する文章を書こう】

・「ある高校生の少女」を説得する文章の構成を考えよう。
・説得の文章を書く〈その四〉・説得する文章の構成を考えよう。

はじめ

今、Ａ子さん、やせてかわいい服を着て、おしゃれしたいよね。それで自分がわからなくなってしまうことがあるよね。私もそういう時期があったよ。よくわかる気がします。

なか（本論）

でも、ダイエットにも色々な方法があるんだよ。なぜ食べないダイエットを選んだのかな。食べないダイエットよりも、運動するダイエットの方がいいと思うよ。食べなくてもかわいい服が着たいと思っていますが、食べないでいるといつか倒れてしまいますよ。それでも、死んでしまうなんてことになったら、あなたのこだわる必要があるのです。かわいい服を着れなくなってしまうのだから、少なくともあなたの元気なあなたでいてくれた方が、きっと幸せだと両親は思ってくれてますよ。そこまでこだわっていたなんて、なぜなんだろうと思いますよ。Ａ子さんが今やっていることは自分の苦しみを見てぬふりをしているだけなんだと私は思います。だから、自分自身の考えをもっとつくらないといけないんだよ。自分の外観よりも、自分の内面などを大切にしていった方がＡ子さんらしいんじゃないかと思うよ。本当はつらい気持ちをもっている、そんな素直な気持ちをＡ子さんは友達は外観よりも内面がよければＡ子さんを嫌いにならないし、自分がＡ子さんを好きになれないと思うよ。

おわり

例えば、太っていたとしても、それが原因で嫌われるとは限らないでしょう。「体を細くしないと、だれも私のことなんて好きになってくれないから」なんて言わずに、考えを変えてみたらどうですか。私が好きになったＡ子さんは冗談もうまいみたいだから、その長所を生かすようにすれば、きっと人気者になれるよ。その冗談を言えるような性格は、みんなちゃんとわかってくれていますよ。あなたの良いところは、周りの人れたちは好きでいてくれています。

・Ａ子さんは冗談もうまいみたいだから、きっと家族も心配しているかもしれないね。
・あなただけの体ではないんです。あなたは自分では気がつかないかもしれないけどね。

メモ

162

ワークシートその三
三年（B）組（　）番氏名（　　　　　　）

【人を説得する文章を書こう】

「説得の文章を書く」その四・説得する文章の構成を考えよう。

・「ある高校生の少女」を説得する文章の構成を考えよう。

はじめ
「A子さん、A子さんは、一前から人前で冗談を言える明るい人だったんでしょう。また、お気に入りの服を着たいという気持ちはすごくいいと思う。

（なか・本論）←

でも、そのために自分の体がすごく苦しんでいることにも気づいてほしい。あなたは苦しくないの。今を心から楽しめていないと思う。
・A子さんがやせたいという理由は、服が着られるようになりたいというんでしょう。その服はどんな服なのかな。他にもかわいい服はたくさんあるじゃない。
・そうしたいのは、少しでも多くの人に好かれたいと思っているからでしょう。人間、見た目も大切かもしれないけれど、中身の性格がこの世のものとは思えないほどひどかったら、異性でも同性でもあなたから遠ざかっていくでしょう。あなたの友達は、あなたがやせていても太っていても関係なく、あなたの性格が好きだから友達なんじゃないかな。「よく両親は君の冗談に笑っていた。」と言っていたね。
・自分が太っていると思っていても、周りがそう思っているとは限りません。それでもダイエットしたいというのなら、食べないダイエット

ではなくて、食べながらでもやせるダイエットの方法をすればいいと思う。食べないダイエットを続けてたとえやせられても、いろいろな病気や後遺症が残ることもある。
・「みんな違って、みんないい」という詩があるように、人にはそれぞれ個性があるんだから、やせているか太っているかどうかと関係ないよ。友達や家族も今の君が一番好きなんだと思う。人は自然体が一番だよ。

おわり
」

メモ　説得する文章　意見文

第五章　「説得するために書く」作文指導の実践的研究　163

ワークシートその三　三年（Ｃ）組（　）番氏名（　　　　　　　）

【人を説得する文章を書こう】

「説得の文章を書く」その四・説得する文章の構成を考えよう。

・「ある高校生の少女」を説得する文章の構成を考えよう。

【はじめ】
お・A子さん、お気に入りの服を着たいんだって、その気持ちよく分かるよ。高校生くらいの時には自分のスタイルを気にしてダイエットする人は多くいる。僕もそうだった。またそうすれば、みんなが自分を好きになってくれるのではないかと思うのもよく分かる。

↓（なか）【本論】
・だけど、あなたは何も感じなくても、体は感じていて厳しい状態ではないのかな。あなたは本当に、お気に入りの服を着たいだけのためにダイエットしているのかな。
まず、今までのことを振り返ってみよう。
「みんなに好かれている人」は、本当にやせているから好かれるのかな。きっとそうではないと思うよ。別に、やせてきれいな服を着て好きになっているわけではないんだよ。誰もそんなことを言ったのくらね。
例えば、仮にあなたがダイエットに成功して、お気に入りの服を着るからと、皆があなたを好きになるんだよ。本当は、あなた自身ではなく、あなたの体をきにしているわけで、それであなたから友達が離れていくのでしょう。そんな目だけで判断するあなたの友達は、本当の友達ではないでしょう。本当の友達はしっかりとあなたの心の中を見てそうではないでしょう。

【おわり】
いるんだよ。ダイエットだけがすべてではないと思うな。無理をしてまで他人の目を気にする必要はないと思うよ。ほら、前にあなたにもたくさんいいところがあると、あなたの両親がよく笑ってくれたと言っていたじゃない。言った冗談に両親が笑ってくれたというのは、意外と難しいものだにするというのは、意外と難しいものなのだよ。人を笑顔

→外はもっと成長するのではないかな。みんなが喜ぶものですよ。
・あなたの「心」が、「やせないと」という悩みに勝ったとき、あなたが元気で笑っている方が、案

【メモ】

164

ワークシートその三
三年（五）組（七）番氏名（　　　）

【人を説得する文章を書こう】

「説得の文章を書く」その四・説得する文章の構成を考えよう。

・「ある高校生の少女」を説得する文章の構成を考えよう。

はじめ
・A子さんは、前から人前で冗談を言える明るい人だったんでしょう。また、お気に入りの服を着たいという気持ちはすごくいいと思う。

なか（本論）
・でも、そのために自分の体がすごく苦しんでいることにも気づいてほしい。あなたは苦しみたくないように思う。今を心から楽しめていない人に、人が集まってくるでしょうか。なぜかというと、理由は、服が着られるようになりたいというだけですか。その服はどんな服なのかな。他にもかわいい服はたくさんあるじゃない。
・そうしたいのは、少しでも多くの人に好かれたいと思っているからでしょう。やせている人が好きという人、今でもたくさんいるでしょう。人間、見た目も大切かもしれないけれど、中身よりも抜群によくないと思えないほどの性格がこの世のものとは思えないほどよかったら、異性でも同性でもあなたから遠ざかっていくでしょう。スタイルが好きだから友達なんじゃないかな。あなたの友達は君のスタイルが好きなの。A子さんはそのままでも十分の魅力的ですよ。「よく両親は君の冗談に笑っていたね。」と言っていたよ。それに性格を生かして友達と接すればいいんじゃないかな。また、自分が太っていると思っていても、周りがそう思っているとは限らないよ。もし、それでもダイエットしたいというのなら、食べないダイエット

ではなくて、食べながらでもやせるダイエットの方法をすればいいと思う。食べないダイエットを続けてたとえやせられても、いろいろな病気や後遺症が残ることもある。

おわり
・「みんな違って、みんないい」という詩があるように、人にはそれぞれ個性があるんだから、太っているなんて人に好かれるかどうかと関係ないよ。やせていても、友達や家族も今の君が一番好きなんだと思う。人は自然体が一番だよ。

メモ

説得する文章　意見文

（感謝・ねぎらい）
相手のことは
　〜よくわかる
　　　　なるほど

（なか）
だけど、でも、しかし

（中心の問題）
ユーモア（少）

（おわり）
今まで書いたことのまとめ
（次の相談のお誘い）

→〜っていうことが分かる。
（引用・要約）
　　　と言える。

そして、やはり問答形式で、文章構成や表現上の工夫を確認していった（165ページ）。

（3）第3時　4種類の「悩みごと相談の手紙」から1種類を選び、説得する手紙を書く。

　前時終了時に、4種類の「悩みごと相談の手紙」を配り（前掲、138～141ページ参照）、次時に1種類を選び、説得する手紙を書くことを予告しておいた。

　本時では、生徒に対してその作文を書く際に、前掲の「はじめ・なか・おわり」の3種類の原稿用紙を使用することを指示し、同じく前掲の「説得する作文の書き方の手引き」を配布し、作文を書かせた。生徒は全員、集中して取り組む様子が見られた。

　生徒作文の状況及び、第4時終了時に行った「授業後のアンケート」の結果について述べていく。

　まず、生徒が4種類の「悩みごと相談の手紙」のうちどの手紙を選択したか、その状況を述べる。

　男子49名中、手紙「その一（男子・中学二年・勉強）」を選択した者は22名、手紙「その二（女子・中学二年・勉強）」を選択した者は0名、手紙「その三（男子・中学一年・交友）」を選択した者は21名、手紙「その四（女子・中学一年・交友）」を選択した者は6名であった。つまり、同性（男子）の選択率は49名中43名、約87.8％であった。

　女子は52名中、手紙「その一（男子・中学二年・勉強）」を選択した者は8名、手紙「その二（女子・中学二年・勉強）」を選択した者は8名、手紙「その三（男子・中学一年・交友）」を選択した者は10名、手紙「その四（女子・中学一年・交友）」を選択した者は26名であった。つまり、同性（女子）の選択率は52名中34名、約65.4％であった。

　全体では、同性を選択した率は101名中77名、約76.2％であった。

　やや女子の方が、同性の悩みを選択する率は低くなるものの、男子生徒、女子生徒とも同性の悩みを選択する率は高いと言える。このことから中学

生の場合、説得する際には相手の性にある程度影響を受けやすいと考えられる。

次に、「授業後のアンケート」から、「生徒がどのようにして作文を書いていったか」ということを述べる。

前掲（152〜153ページ）の「授業後のアンケート」の設問2．①及び②で原稿用紙の使い方を調査したところ、①全員が「「はじめ」をまず書き、「なか」「おわり」と順序よく書いた」と答えた。また②「「はじめ」「なか」「おわり」のどれか一部分を集中的に書いていったん終わらせ、他にうつった」との回答が大多数で、「「はじめ」「なか」「おわり」の各部分を少しずつ書き足していった」との回答をした者は9名であった。

また「説得する作文の書き方の手引き」を作文を書く際にどの程度利用したかを問う設問3．については、「全部の項目にチェック印を入れながら使った」と回答した者が大多数であり、「ほとんど使わなかった」と回答した者は18名であった。

手引きがかなり作文創出に対して影響があることは理解できる。

しかし、それが「はじめ」を書く際にはあまり役だっていないのではないかと思われる。「はじめ」の部分には、カウンセリングでは「傾聴」の部分、すなわち相手の言葉を引用、あるいは要約することによってそれに対する共感を示す部分としたのであり、「説得する作文の書き方の手引き」にも、「原稿用紙「はじめ」のところに、青線で引いたところを中心にして書く。（「〜と言うのもわかるよ」などと共感の言葉を文の最後に書きながら）」との指示はしていた。しかし、後に添付した生徒作文例を見れば明らかなように、「はじめ」は2、3行程度とあまり書かず、「なか」「おわり」を充実させている例が多い。前述のように、学習者に対して手引きの影響力がかなりあることを考えれば、たとえば追加の指示として「青線を引いた部分は原稿用紙にそのまま書き出しましょう」としておけば、対象となる手紙・文章から引用、あるいは要約という方法で相手の言葉に対する共感を示すことができるであろう。

中学生の場合はまだまだ上記のような指示がないと、どうしても「なか」

「おわり」で自分の意見を述べる方を優先させてしまう傾向があると言えそうだ。

次にそれぞれの手紙に対する生徒の反応について述べる。

まず、手紙「その一（男子・中学二年・勉強）」及び手紙「その二（女子・中学二年・勉強）」の論理構造を次ページ以下に示そう。

手紙「その一（男子・中学二年・勉強）」に対して説得を試みようとする場合、2通りの方法が考えられよう。

1つは、（データ①）「数学、理科の成績が5段階で3程度」あるいは（主張）の中の「勉強に集中できない」「部活動に集中できない」の部分に対して、勉強の仕方を工夫するよう、あるいはまずは部活動に集中するよう励ましたり、具体的な方法を助言したりする説得の方法である。これはクライアントの行動の仕方に直接働きかける方法で、行動療法と言われる方法である。

一方、（理由づけ①）「A校や薬学部に進学できるのは、理数系の成績が良い者である」はほぼ社会的通念であって変更がききにくいものであるが、（理由づけ②）「長男が家を継ぐ」に関しては、必ずしもそうしなければいけないという理由はないであろう。この「理由づけ」に対する説得は、クライアントの考え方を変えさせるという、論理療法である。

同様に、手紙「その二（女子・中学二年・勉強）」に対する説得の方法も、次のように述べることができる。

1つは、（データ①）「成績が悪いと志望校の合格は難しい」あるいは（主張）のなかの「勉強が思うようにいかない」の部分に対して、勉強の仕方を工夫するよう励ましたり、具体的な方法を助言したりする説得の方法である。これはクライアントの行動の仕方に直接働きかける方法で、行動療法と言われる方法である。

一方、（理由づけ①）「カウンセラーの言語能力が高ければ、治療効果は高い」は、カウンセリング技法に音楽療法、箱庭療法、読書療法といった、必ずしもカウンセラーの言語能力に依存しない方法もあり、説得可能である。また（理由づけ②）「カウンセラーは医師であって患者ではない」に

（手紙その一の論理構造）

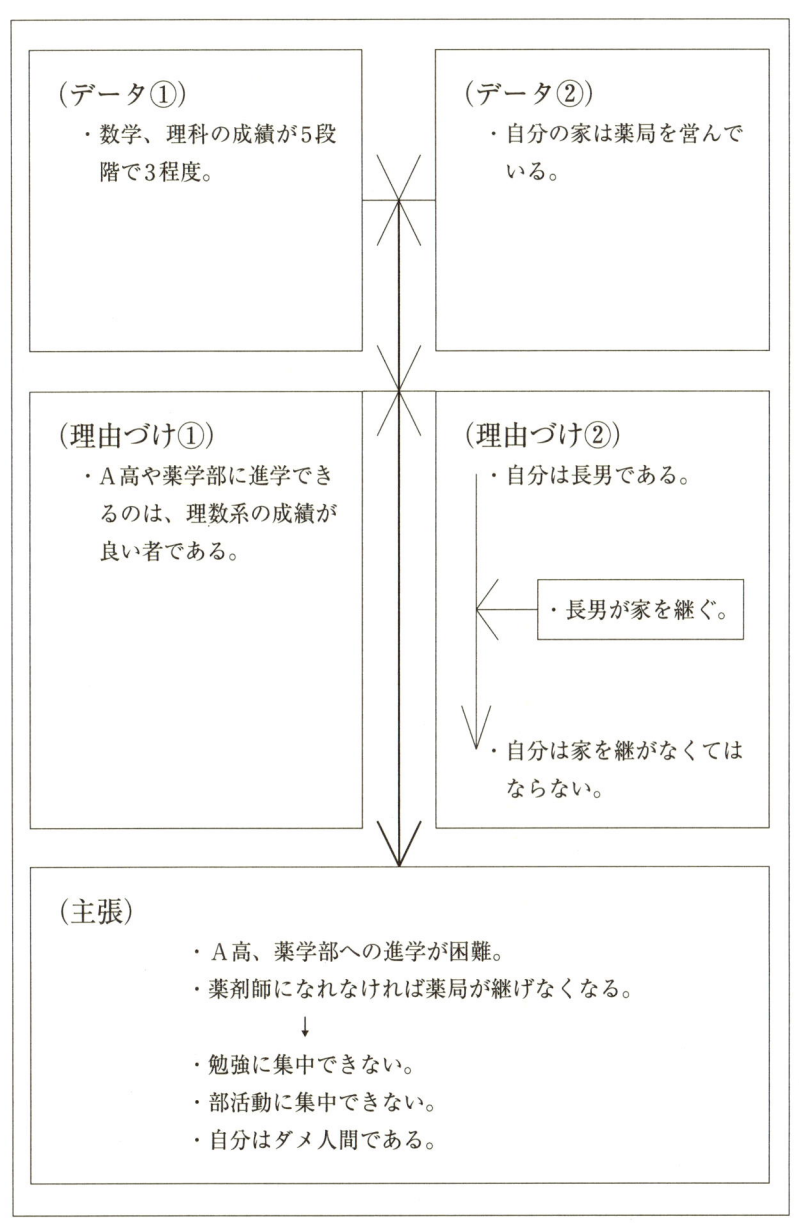

(データ①)
・数学、理科の成績が5段階で3程度。

(データ②)
・自分の家は薬局を営んでいる。

(理由づけ①)
・A高や薬学部に進学できるのは、理数系の成績が良い者である。

(理由づけ②)
・自分は長男である。

・長男が家を継ぐ。

・自分は家を継がなくてはならない。

(主張)
・A高、薬学部への進学が困難。
・薬剤師になれなければ薬局が継げなくなる。
　↓
・勉強に集中できない。
・部活動に集中できない。
・自分はダメ人間である。

(手紙その二の論理構造)

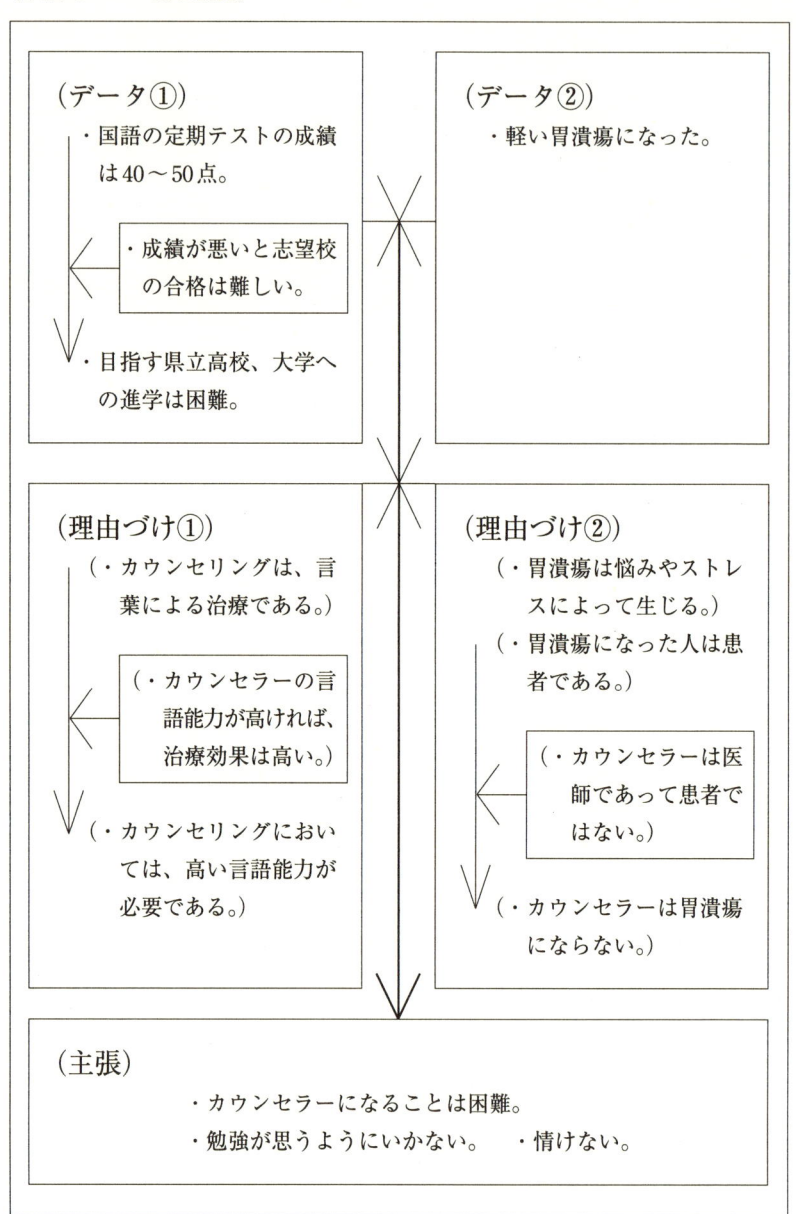

(データ①)
・国語の定期テストの成績は40～50点。
　・成績が悪いと志望校の合格は難しい。
・目指す県立高校、大学への進学は困難。

(データ②)
・軽い胃潰瘍になった。

(理由づけ①)
（・カウンセリングは、言葉による治療である。）
　（・カウンセラーの言語能力が高ければ、治療効果は高い。）
（・カウンセリングにおいては、高い言語能力が必要である。）

(理由づけ②)
（・胃潰瘍は悩みやストレスによって生じる。）
（・胃潰瘍になった人は患者である。）
　（・カウンセラーは医師であって患者ではない。）
（・カウンセラーは胃潰瘍にならない。）

(主張)
・カウンセラーになることは困難。
・勉強が思うようにいかない。　・情けない。

関しても、「医者の不養生」という言葉を持ち出すまでもなく説得可能である。必ずしもそうでなければならないという理由はないであろう。
この「理由づけ」に対する説得は論理療法である。

　このようにして、手紙「その一（男子・中学二年・勉強）」と手紙「その二（女子・中学二年・勉強）」に対する説得方法は、主にクライアントの行動に変更を促す「行動療法型」説得と、主にクライアントの考え方（理由づけ）に対して説得する「論理療法型」説得と２種類想定される。
　なお、両方を合わせた説得の仕方も考えられるところである。カウンセリングの分類では「折衷主義的カウンセリング」となるが、今回の分類では「論理療法型」説得に加えることにして、特に分類項目とはしなかった。
　この分類で生徒の作文を分類した場合、次の結果が得られた。
　手紙「その一（男子・中学二年・勉強）」に対する作文全30例のうち、「行動療法型」は16例（約53.3％）、「論理療法型」は14例（約46.7％）であった。
　次から、「行動療法型」「論理療法型」それぞれの代表例を示す。

（Ａ組　Ｋ．Ｙ（男子）・行動療法型）

　　私もそういうことがよくありますよ保さん。やる気はありますがいざやろうと思うと始まりません。
　　それに私にも将来公務員になる夢があるのでＢ校を目指し毎日努力しています。あなたにも薬剤師というすばらしい職業があるではないですか。その夢を実現するために努力しようとする気持ちがあることは何よりも大切であり、それを忘れてはなりませんよ。

　　では具体的にどうすればよいか。あなたのやる気は善いことですがぼーっとなってしまうのは私の考えからすると周りが静かすぎるのではないでしょうか。もし、そうだったら何か音楽かラジオを聞くなど、あまり気にしない程度にすることが解決の一つであります。一見集中できないように見えますが約十分くらい勉強していると次第に周りの音が聞こえなくなり

第五章　「説得するために書く」作文指導の実践的研究　　171

勉強だけに集中できますよ。もし、できなかったら私の家に来て勉強してもいいですよ。私があなたを手伝いますから。

　二つ目に保さんは五段階成績で三程度がやっとですと言いましたが、それではいけません。そこまでがやっとと言えば保さんの人生もそこまでになってしまいます。Bさんの限界はもっと上にあります。私を信じてください。それに人間に苦手な教科が出てしまうのは分からない所をそのままにしてしまうことです。そこで分からなかったら、先生、友達、家族と身近に聞ける人がたくさんいるではないですか。人に教えることができて初めて人は理解します。保さんはまず聞いて理解し、復習することが大切です。成績向上＝勉強量です。

　保さんは勉強・部活とも集中できませんが二つのことを一回で解決しようとしてしまうからだと思います。一つ一つ解決していくことが、レギュラーになれることと、勉強向上につながります。

　つまり、普段の授業でどれだけ集中して取り組んでいるかが要求されます。私の国語の先生が言いました。授業とは人生であると。家庭での学習も同じですよ。書いた一ページがあなたの夢につながると思えば勉強しやすくなると思います。

　後はあなたの行動です。私がどんなにアドバイスしても、保さんの心が最終的に決めます。

　がんばってください。何か困ったことがありましたら気軽に私に話しかけてください。

(C組　S.R（女子）・論理療法型)

　保君、こんにちは。君は最近、「受験」や「進路」のことで悩んでいるんだね。私も同じなんだ。この前の模試の結果がひどくって考えていたより、もっとレベルの低い高校じゃなきゃ受かりそうにないの。「勉強やらなきゃ」って思うんだけど、夏休みダラけてたツケがすごくて、ただただ気持ちはあせるばかり。しかも、志望校が決まらないから、もう頭フリーズしちゃいそう！　それに比べて、保君はすごいよ。ちゃんと現実を見据えて、進路のことを考えているんだもん。

だけど、保君はちょっと神経質に考えすぎてるんじゃないかな。将来は薬剤師になりたいんだよね。でも話を聞いていると、本当にそれが保君の夢なのかな、って私には思えちゃうんだ。「家が薬局だから」とか、「長男の僕が家を継がないで弟が継ぐなんて、みっともない」とか、本当に薬剤師になりたい人の言葉だなんて、とうてい思えないんだけど。だから、もう一度、考えてごらん。「本当に、自分は薬剤師になりたいのかな。」って。それで本当になりたい、って思えたなら、あとは前進のみだよ。「義務」ではなく「希望」の目標なら、きっと勉強だって「夢のために。」ってがんばれちゃうと思うんだ。

　あー、保君へのアドバイスのはずなのに、私にもあてはまること、たくさんあるなぁ。これを書く前は悩み疲れてたんだけど、君のおかげで、私にも「考える」ことが必要なことがわかってきた。私もがんばるね。あと、最後にひとつ。君は「ダメな人間」じゃないから。もっと自信もってね。
　では、今回は相談してくれてありがとう。

　手紙「その二（女子・中学二年・勉強）」に対する作文全8例のうち、「行動療法型」は4例（50％）、「論理療法型」は4例（50％）であった。
　次から、「行動療法型」「論理療法型」それぞれの代表例を示す。

（B組　Y. N（女子）・行動療法型）

　秀子さんは、バレーボールが好きなんですね。でも、勉強になるとうまくできないんですね。私も、秀子さんと一緒でやろうという気持ちはあるのですが、できないんですよ。でも机に向かっていれば、何かやらなくちゃと思ってくるから、最初はあまりすすまなくても、毎日少しずつやっていけばだんだんなれてきて勉強が楽しくなりますよ。

　話は変わりますが、秀子さんは、子供たちの心の悩みを聞いてあげられる「カウンセラー」になりたいんですね。それは、とてもいいことだと思います。でも、まずは勉強をやらなくては、カウンセラーに関する高校・

大学にも入れないですよね。ところが、秀子さんは一向に成績がよくならなくて、ことばによって治していくカウンセラーの仕事で大切な国語が特にできないんですね。それは大変ですね。だけど、国語は、教科書を声に出して読んで、漢字はひたすら書けば、だいたいの点が取れますよ。でも、もう一つ秀子さんの悩みである、お金のかからない県立高校を目指しているという悩みは、とにかく人の何倍も勉強をやるしかないでしょう。

　秀子さんは、まず勉強を人の何倍もやって、カウンセラーに関する県立高校に入って、カウンセラーの道に行く。というように強い意志をもって頑張って下さい。また、何か悩みをもったら気軽に相談して下さい。ささいなことでもいいので……。

（A組　Y．N（女子）・論理療法型）

　金井さん、お手紙ありがとう。金井さんのお気持ちはよく分かりました。勉強しようって思うのは、とても大変なことだよね。部活動との両立もすごい大変だし、集中できないというのもすっごくよく分かるよ。私も勉強に取り組めなかったことが何回もあるんだよ。カウンセラーになりたいって夢も、すごく素敵だと思います。成績を上げるのもがんばらなきゃいけないかもしれないね。

　でも、金井さんは本当に勉強する気があるのかな。やろうという気持ちがあるのに、何をそんなに不安がっているんだろう。もっと自分に自信を持って、夢に向かってがんばったらどうですか。金井さんは今の気持ちでまちがっていないんだから、もっと意欲的に勉強に励んでみて下さい。きっと成果が表れてきますよ。

　それとね、金井さんは、カウンセラーの仕事は国語能力がすべてだと思っているのかな。カウンセラーって、人の悩みや苦しみを受けとめられる広い心が一番大切だと思うよ。それに、国語ができるからことばの表現ができるわけでもないと思うの。ことばだけじゃなくて、人への思いやり温かい気配りも重要なポイントのはず。もし適当なことばが見つからなかったら、優しく抱きしめてあげるとか、絵を描いてもらうとか、いっぱい方法があるはず。金井さんの夢は、決して遠くはありません。自分をそんなに責める必要はまったくないのですよ。

> 金井さんは今、少し自信をなくしているだけだと思います。自分一人だけで悩んでいないで、もっと周りの人の意見も聞いてみて下さい。金井さんの周りには、味方がたくさんいますよ。金井さんが気づかないだけかもしれないね。
> 　もしよければ、また相談して下さいね。いつでもかんげいします。

　こうした、半数近くが「論理療法型」の説得の文章になっているのは注目に値する。さらに「論理療法型」の説得の文章を増やすためには次のような手順を新たに設定したい。
　今回の「説得する作文の書き方の手引き」の中の手順の1つ「赤鉛筆、赤ペンで、手紙の中の「違うぞ」「それはおかしい」「別の考え方もあるぞ」というところに線を引く」の所で一旦作業を止める。次に生徒の話し合いによりどこに線を引いたか話し合いをさせ、特に問題となるのは勉強の仕方なのか（行動の変更）、それとも勉強とは別に問題があるのか（考え方の変更）、そしてそれらのうちどちらがもっとも重要な問題なのかを話し合わせることで、相手の「理由づけ」に対する説得、すなわち「論理療法型」の説得を目指していきたい。
　香西秀信は、「反論」には、相手の主張と反対の主張を論証する「主張」型反論と、相手の主張を支える論証を切り崩す「論証」型反論の2種類があることを指摘し、特に反論を教室で訓練する場合は「論証」型反論を訓練した方が学習の効果をあげることができると述べている（『反論の技術』明治図書　1996年　10－14ページ）。
　筆者はその「論証」型反論の訓練の前段階として、これまで述べた「論理療法型」の説得が位置づけできるのではないかと考えている。
　さて次に、手紙「その三（男子・中学一年・交友）」及び手紙「その四（女子・中学一年・交友）」の論理構造を177ページ以下に示そう。
　手紙「その三（男子・中学一年・交友）」に対して説得する場合、次のような方法が考えられる。
　（データ①）「親友とは、ある程度長期に一緒の行動をする者同士であ

る」については、「親友」の定義を別の定義とすることで説得することになる。（データ②）は「うわさ」以外は事実であるため、変更・説得はできない。（理由づけ①）「親友に対して耳の痛い話はしない」（理由づけ②）「親友は裏切れない」（主張）「先生や親にD君のことを相談できない」に関しては、「親友だから、耳の痛い話をする」→「裏切りではない」「先生や親にD君のことを相談する」という説得の仕方となる。つまり、D君本人に対して忠告するか、先生や親に相談するか、その両方をするということになる。つまり、（理由づけ①）（理由づけ②）に対して説得することと、（主張）に対して説得することも同じことになる。しかもその説得の仕方は、具体的な行動を示唆することになるから「行動療法型」の説得となる。

　よって、ここで検討することの1つは、（データ②）「D君が万引きをしているという、「うわさ」がある」という「うわさ」であるということを、「本当なのか」「確かめる必要がある」というように学習者が指摘できるかどうかということである。これは一般意味論でいう「報告─推論─断定」の区別である。

　もう1つは、（理由づけ①）「親友に対して耳の痛い話はしない」（理由づけ②）「親友は裏切れない」の両方を学習者が指摘できるか、それとも片方だけの指摘で終わるかである。（理由づけ①）「親友に対して耳の痛い話はしない」を説得しようとすると、「親友だから、耳の痛い話をしなければならない」ということになる。また、（理由づけ②）「親友は裏切れない」は、それを説得しようとすると、（主張）「先生や親にD君のことを相談できない」と関連してくる。

　同様に、手紙「その四（女子・中学一年・交友）」に対する説得の方法も、次のように述べることができる。

　（データ①）に関しては手紙「その三」と同様、「親友とは、ある程度長期に一緒の行動をする者同士である」であり、「親友」を別の定義で説得することになる。（データ②）は、クライアントの現在の事実であり、これを変更するにはクライアントの行動の仕方を具体的に変更していくことを説得することになる。これは（主張）の部分とも重なっている。また、

（手紙その三の論理構造）

（データ①）
（小学校時）
・D君とは遊ぶ時一緒。
・同じサッカー少年団に所属。
（現在）
・同じサッカー部に所属。

（・親友とは、ある程度長期に一緒の行動をする者同士である。）

・D君は僕の親友である。

（データ②）
・D君が僕から借りた金を返さない。
・D君は上級生に悪口を言ったりケンカしたりする。
・D君が万引きをしているという、うわさがある。

（理由づけ①）
（・親友に対して耳の痛い話はしない。）

（理由づけ②）
・親友は裏切れない。
（密告できない。）

（主張）
・先生や親にD君のことを相談できない。
・（D君に忠告できない。）

（手紙その四の論理構造）

（データ①）
- 私と直美は同じ小学校出身。
- 私と直美は同じ部活動に所属。
- 私と直美は1学期、席が隣同士。

（・親友とは、ある程度長期に一緒の行動をする者同士である。）

- 直美は私の親友である。

（データ②）
- 月曜日にクラスで席替えが行われた。
- 私と直美の席は離ればなれになった。
- 直美は安由美とおしゃべりしている。
- 私は直美と話す機会がない。
- 私は毎日教室で黙って過ごす。

（理由づけ①）
- 私の親友は直美ただ1人である。

（理由づけ②）
（・私は親友とだけ話をする。）

（主張）
- 周りの人たちに話しかける気がしない。
- 友達をとられた。
- 見捨てられた。
- ひとりぼっち
- 面白くない。

（理由づけ①）「私の親友は直美ただ1人である」（理由づけ②）「（私は親友とだけ話をする）」に対しても、これを変更するにはクライアントの行動の仕方を具体的に変更していくことを説得することになる。だから、すべてこの場合の説得の仕方は具体的な行動を示唆することになるから「行動療法型」の説得となる。

　よって、ここで検討することの1つは、（データ②）における5つの事項のうち、「私と直美の席は「離ればなれ」になってしまった」「私は直美と「話す機会がない」」「私は毎日教室で「黙って過ごす」」のうちの「離ればなれ」「話す機会がない」「黙って過ごす」に対して、「どの程度そうなのか」「本当にそうなのか」という説得の仕方を学習者がどれだけできるかということである。これは一般意味論の根本的な原理「地図は現地ではない」に通ずる。

　もう1つは、（理由づけ①）「私の親友は直美ただ1人である」（理由づけ②）「（私は親友とだけ話をする）」の両方を学習者が指摘できるか、それとも片方だけの指摘で終わるかである。（理由づけ①）「私の親友は直美ただ1人である」に対しての説得は、「1人と決めつけなくてもいいのではないか」や「何人親友がいてもいい」といったものになるだろう。また、（理由づけ②）「（私は親友とだけ話をする）」は、それを説得しようとすると、（主張）「周りの人たちに話しかける気がしない」と関連してくる。

　こうした観点から、まず生徒の、手紙「その三（男子・中学一年・交友）」への説得の作文を検討してみよう。

　（データ②）「D君が万引きをしているという、「うわさ」がある」について、全30例中、作文の中で取り扱ったものは20例、ただし、「うわさ」について「本当なのか」「確かめる必要がある」あるいは「「うわさ」は「うわさ」にすぎない」と指摘した例は9例であった。あとは、無条件で信用してしまっている。

　以下に「うわさ」について「本当なのか」「確かめる必要がある」あるいは「「うわさ」は「うわさ」にすぎない」と指摘した例を示す。

(C組　N.H（男子））

　守人くん、僕がいたテニス部もスポーツ少年団の経験者がいません。僕もそれの経験がないよ。
　でも、D君が三年生に混じって練習試合に出場して、うらやましいと思うのは、僕も、公式戦にもかぞえるくらいしかでてないよ。
　その気持ちはよくわかる。

　でも、守人くんの手紙を読んで最も問題だと思う所があるよ。
　サッカーの練習の帰りに、D君とゲームセンターにつきあっていますね。あなたの学校の校則では寄り道はOKですか。ダメならD君とゲームセンターの寄り道はやめましょう。仮にそれがOKならば守人君はゲーム代をD君に貸していますよね。でもそれが返してもらったことがありませんね。D君にお金の返済のこと話してみましょう。本人が「借りてねえよ。」や「知らない。」とか言っていたら、お金を貸すのをやめましょう。
　D君は、試合に出られない二年生に悪口を言っていますが、それがケンカになることがあるが、上級生をバカにすることは非常に良くない。さらに、D君が万引きをしているといううわさを聞いていますが、うわさはあくまでも、本当かうそかわかりません。
　本当にD君が万引きをしていたら、D君の将来がこのままだとあぶない。
　しかし、守人君も守人君だ。お金の話や万引きのことを先生や親に言わないと、新聞にのるくらいのトラブルやケンカになってしまいます。

　でも、親友を裏切らないで信じること。それが一番良いと思います。でも、親友がダメな人だったら、自分も巻きぞえになるかもしれないのでつき合いはしばらくやめ、様子を見ましょう。そして、D君が悪い人ではないならつき合いを再開しましょう。でも、本当に悪い人だったらつき合いはきっぱりやめましょう。
　このくらいのことしか言えませんが、また悩みがあったらいつでも手紙を送って下さい。

(B組　K．M（女子））

> はじめまして高田君。手紙を読みました。親友がいるというのはとても良い事だよね。

> でも、それは本当の友情と言えるのかな。お金の問題をそのままにしていると、どんどん君からD君を信用する気持ちがなくなってしまうよ。多分D君は自分が偉くなったような気になってるんじゃないかな。君が親友なのだったらD君に対してもっと意見を言えるようになればいいんじゃない。
> 「お金を返して。」とか「先輩の悪口を言うのはよくない。」など。
> もし、君が意見を言って友情がこわれるようなら、それは親友とは言えないよ。
> 万引きの事はただのうわさでしょう。もし君が本当に万引きしている所を目撃したら、それは親や先生に相談してD君を止めてあげるしかないよ。

> これは、私としてのアドバイスだからこれからD君とどう付き合っていくかは君次第だよ。がんばれ。

「うわさ」の部分の授業における取り扱いは、これは取り立てて扱う必要があるだろう。「うわさ」が本当かどうかという点、これをクライアントに確認するよう説得する点について学習者同士で話し合いさせる必要がある。

もう1つ、（理由づけ①）「親友に対して耳の痛い話はしない」（理由づけ②）「親友は裏切れない」の両方を学習者が指摘できるか、それとも片方だけの指摘で終わるかという点であるが、全31例中、（理由づけ①）「親友に対して耳の痛い話はしない」に対する説得だけ、つまりDに対して忠告するということだけを書いたものは11例、（理由づけ②）「親友は裏切れない」に対する説得だけ、つまり親や先生に話をすることだけを書いたものは8例、両方の方法をとることを説得しているものは12例であっ

第五章　「説得するために書く」作文指導の実践的研究　181

た。
　これはD君の性格やこのクライアントとD君との関係、周囲の状況等がもっと詳しくわからないとどの方法がよいかは断定できない。学習者同士で話し合わせても決着はつけられないが、お互いの考え方を情報交換してみる必要はあるだろう。
　次に、手紙「その四（女子・中学一年・交友）」への説得の作文を検討してみよう。
　（データ②）における5つの事項のうち、「私と直美の席は「離ればなれ」になった」「私は直美と「話す機会がない」」「私は毎日教室で「黙って過ごす」」のうちの「離ればなれ」「話す機会がない」「黙って過ごす」に対して、「どの程度そうなのか」「本当にそうなのか」という説得の仕方を学習者がどれだけできるかという点は、「話す機会がない」という点だけ、全31例中7例が触れており、他の「離ればなれ」「黙って過ごす」については検討されていない。

（B組　S．M（女子））

> わざわざお手紙ありがとう。よく教えてくれましたね。
> 　沢田さんは直美さんと話す機会がなくて、悲しくなってしまうのですね。確かに、席がはなれてしまったら、話す機会が今までより減ってしまいますね。しかも、直美さんがその他の友達と仲良くしていたら、なんだかさびしいですよね。私もその気持ちは分かります。二人が楽しそうにおしゃべりをしていたら、会話に入りにくいし。

> 　しかし、そんな風に遠くから見ているだけでは、ますます話す機会がなくなってしまいます。ここは、沢田さんが勇気を出して声をかけるべきです。今まで普通に接していたのだからきっと大丈夫。もしかしたらそれで、安由美さんとも仲良くなれるかもしれませんよ。
> 　沢田さんは、直美さんがたった一人の親友だと言っているけど、それは少しもったいないんじゃないかな。クラスには、たくさんの人がいるのだから、どんどん話しかけて、友達をたくさん作りましょう。みんなあなた

> のことが嫌いという訳じゃないのだから。そうやって明るくふるまっているうちに、自然とまた、直美さんとも仲良くできるはずです。

> すこしは参考になりましたか。すべて私の考えですが、沢田さんが勇気を出せば解決する問題だと思います。またなにか不安なことがあったら、いつでもお手紙ください。いつでも相談にのりますから。では、沢田さんがんばってください。

　もう1つの、(理由づけ①)「私の親友は直美ただ1人である」(理由づけ②)「(私は親友とだけ話をする)」の両方を学習者が指摘できるか、それとも片方だけの指摘で終わるかという点に関しては、両方を指摘しているものは13例、(理由づけ①)のみは4例、(理由づけ②)のみは15例であった。

　これは赤線を引いた部分と関係があるだけに、(理由づけ①)「私の親友は直美ただ1人である」(理由づけ②)「(私は親友とだけ話をする)」の両方を生徒に指摘させたい場合、線を引かせた後に、線を引いた場所について話し合いをさせる必要がある。

(4) 第4時　書いた手紙を全員で回し読みしながら、コメント用紙に「納得できるところ」を書き抜く。

　生徒には1文で抜き出すように指示した。10人分書くのが時間的には限度であった(「授業後のアンケート」実施のため)。次ページに記入例を示す。

「親友であること」探し

※悩み相談の回答者になって文章を書きました。「こにこは親友である」というところを探して書き抜いてみましょう。今度はお互いに読み合って話し合ってみましょう。

第4時間目の学習の手引き

摺田 誉美

3年（　）組氏名（　　　　　　　）

※今日は、お互いの作文を読み合って、
　　　　「**納得したところ**」**を書き抜く学習**をします。
　この作文の学習の作文は架空の人にあてたものですので、相手が実際に読むことはできません。そこでこの時間は、
　　「**自分だったら、こういう書き方をされたら納得するよな**」
というところを書き抜いて、相手が実際に読むかわりにしたいと思います。
　相手と同世代の君たちがどんな内容や書き方に納得するか、先生も勉強したいと思います。

【学習の進め方】（□にチェック印をしながら進めましょう。）

1．□・（作文が書き終わっていない人は）作文を書き終わらせます。

2．□・自分の作文を見て、

　　　　相手の手紙と完全に一致する部分は
　　　　　　　　　　　　　　青ペンで「　　」（かぎかっこ）する。
　　　　　　　　　　　　　（青ペンがなければ摺田先生から借りる。）
　　　→ここの部分を「**引用**」といいます。
　　　　　　　　　　　　いんよう

3．□・自分の作文を見て、

　　　相手の手紙の言い方をほんのちょっとでも変えた部分には**赤でサイドラインを右側に**ひく。

　　　→ここの部分を「**要約**」といいます。
　　　　　　　　　　　　　ようやく

　　※2．3．の作業で、もしわからないところがあったら、宮崎先生を呼んで下さい。

　┌──────────────────────────────────┐
　│（問）相手の言葉を大切に、尊重しているのは「引用」か、「要約」か。　│
　└──────────────────────────────────┘

4．□・他の人の作文を読んで

「**納得したところ**」（「**一文書き抜き用（小さい□）**」と「**複数の文書き抜き用（大きい□）**」の二つの用紙あり。）
のプリントに文を書き抜く。
　　　　　　　（どちらも最低1つずつ書く。）

時間の最後に、

　　1．作文　　2．「納得したところ」プリント　　3．この「手引き」プリント

の三つを集めます。

第五章　「説得するために書く」作文指導の実践的研究

なお、B組に関しては、前ページに示した「手引き」での授業を行い、都合5時間の展開となった。
　しかし、生徒にとっては、自分の書いた作文から「要約」部分、「引用」部分を識別するのはやや難しい面があったようだ。作文を書いた後に「要約」部分、「引用」部分を指摘させるよりも、書いている時に引用の仕方などを指導した方が理解しやすいようである。

(5) 特に「書けない生徒」への配慮

　最初の、第1時で作文を生徒に書かせた時に、1～3行程度しか書けなかった者も、第3時では筆者が最低ラインとして示した15字×20行以上をその時間以内でクリアしていったが、2名なかなか書けない生徒がいた。
　それぞれに書けない状況が異なると思われるので、以下に述べていく。
　まず、一人はC組のS．A（女子）の事例である。
　第1時の、ワークシートその一は穴埋めがスムーズにできたものの、作文は全く書けなかった。担任や国語科担当に尋ねてみると、普段から作文は書かないとのことであった。しかし、穴埋めのような単純な読解ができることを考慮すると、筆者は、この生徒は作文のような同時に複数の作業を組み合わせて行うことに困難がある生徒なのではないか、という仮説を立てた。
　そこで、第3時では、「説得する作文の書き方の手引き」のチェック欄を活用し、1つ作業ができるごとに褒める、励ますという働きかけに努めた。
　第3時の授業時間内に、次の作文が書けた。

　沢田さん、お手紙ありがとう。よく読ませてもらいました。
　学校に行くのが楽しくなくなってしまって、すっかり元気がないんだって、そうだよね。そんなこともあると思う。
　学校は楽しくないから行きたくないっていうのもよくわかる。

> 　だけど、あなたは親友の直美さんしかいないって思っているかもしれないけどクラスにはたくさんあなたを友達と思ってくれてる人がいるんじゃないかな。
> 　直美さんだって、新しく隣りになった安由美さんと楽しくすごしているのだから。きみにもきっとできるよ。
> 　友達がたくさんできれば、意外と学校というのも楽しいものだよ。

> 　また何かあったらそうだんしてください。

次は、B組のK．K（男子）の事例である。
第1時での作文は次の通り、比較的分量としては書けていた。

> 　人は自分が思っているよりもいい。だからダイエットはしてはいけない。……Aさんの体は自分で思っているよりもだめになっているよ。いまは成長期なんだから今は食べすぎないないように。ちゃんと食事をたべること。食べると太ると思っているけど、ちゃんと運動をちゃんとすればどんなに食べてもあんまり太らないよ。
> 　話は変わるけど、Aさんは友達も家族も、Aさんのことはそうだと思っていないよ。だからダイエットはやめたほうが

しかし、第3時では次のように書いて、そのまま止まってしまった。

> 　高田君は、D君がサッカーをスポーツ少年団でやっていてサッカーのエースストライカーでかつやくしていて高田君はうらやましいと思っていたのならどうして自分のど力しなかったのですか

　これは、第1時に関しては、生徒に斉読させたり、文章の内容を穴埋めプリントで整理させたりして、相談内容を理解させやすいようにしたものの、第3時では、このK．K（男子）にとっては、自分で手紙の内容を把握してから作文を書かなくてはいけないだけに、困難さがあったかもしれない。第1時の作文の、繰り返しの言葉の多さや文字の雑さ、本質とは関

係のない問題点の指摘から、そのような丁寧な作業の積み重ねが苦手なのではないかと筆者は推定した。

　そこで、第3時にあたって次ページのような作業用紙をK.K（男子）に用意し、それとともに前述のS.A（女子）の事例と同様、「説得する作文の書き方の手引き」のチェック欄を活用し、1つ作業ができるごとに褒める、励ますという働きかけに努めることにした。

　次のような作文を書き上げることができた。

> 　高田さん、お手紙ありがとう。よく読ませてもらいました。
> 　ぼくもサッカーをやっていて、ぼくの友達もサッカーでエースストライカーをやっていて、ぼくが一年生のとき二年生の先輩にまじって試合に出ていた。だから高田君のことはよくわかるよ。

> 　しかし、ぼくだったら、ゲームセンターにつき合わされたら、ことわると思う。でも高田君はことわることができないんだよね。でもゆうきをふりしぼってことわるべきだよ。
> 　D君が万引きっていううわさを聞いて、でもほんとうにD君が万引きしているのかな。もしかしたらうわさはうわさなんだから、友達や親とかにたしかめたほうがいいよ。

> 　もしこのことでそうだんしたいばあいは、また話してください。

その三（男子・中学一年・交友）

これから受験に向かう先輩方には、お忙しいところご迷惑をお掛けします。じつは、いつも一緒にいる友達のことで悩んでいます。

D君（仮名にさせてもらいます。）は、小学校の時からの親友です。サッカーが得意で、僕よりもはるかに上手でサッカーチームではエーストライカーでした。僕はサッカーだけでなく遊ぶ時も彼と一緒でした。

中学校に入っても彼と一緒でした。先輩方もご存じのように、うちの学校のサッカー方もご存じのように、うちの学校のサッカースポーツ少年団の経験者が多いいますが、一、二、三年生には経験者がいません。公式戦では三年生が出場していますが、練習試合では三年生に混じってD君も出場しています。僕は、うらやましいと思いました。そういうD君ですが、最近「ついていけないな」と思うことが多くなりました。

サッカーの練習後、一緒に帰るのですが、ほとんどいつも、ゲームセンターにつき合わされます。ゲーム代はー応それぞれが出すのですが、時々、二百円とD君が借りていきます。ところが、今まで返してもらったことがありません。僕もつい貸してしまうのです。

D君はサッカー部で試合に出ることが多くなったせいか、試合に出られない二年生の悪口を言うことがあります。それも、コソコソやるのではなく、よく上級生とケンカになります。また、このごろよくないうわさも聞きました。D君が万引きをしているというのです。僕は先生や親には話をしていません。

なにか、お金の話や万引きのことは、親友を裏切るような気がしてできないのです。

先輩方、僕はこれからどうしていけばいいのか、何かアドバイスをお願いします。お忙しいところ申し訳ありませんが、よろしくお願いします。

（髙田　守人）

相談者の考え

【事実・実際に起こった事】

- D君は小学校時代からの親友。（サッカーがうまい。）
- D君は（サッカーが）うまい。
  → 練習試合では（三年に混じって）D君も出場している。（今まで返してない）。
- D君はゲーム代をせびる。しかもD君の悪口をよく言う。
- D君は（二年生）（上級生）とよくケンカする。
- うわさがある（D君が万引きをしている）もよう。（本当かどうかは？）

【そう考える理由】

・親友だから、裏切るようなことはできない。

【考え・反応】

・D君についていけない。
・話をしていない。だけど、（先生）や（親）には

両事例とも、一応、文章構成のしっかりしたものにはなったが、「なか」に比べて「おわり」がどうしても貧弱なものになってしまう。これは今後の課題としたい。

(6)「授業後のアンケート」の結果から
　その他、「授業後のアンケート」の調査結果を述べていきたい。
　アンケートの末尾に、自由記入形式で生徒に授業の感想や改善点を記入してもらった。
　様々な意見・感想が寄せられた。次に示す。

　(感想)
(A組)
・作文の書き方の知らないところがわかったし、知ることができたのでよかったと思います。
・こういう風にだれかに対して書くってかんじだったので楽しかった。
・作文（引用者注：用紙のことか）の使い方（はじめ・なか・おわり）の知らなかった点があり作文を書く時に活用することができた。作文を読み、相談相手となったときは、「自分が〜しますよ」「困ったら〜してください」などと相手の気持ちを理解しながら解決に自分が何かしてあげることを作文で書くときに必要だとわかった。
・自分で作文を書くときは何を書いていいかわからないけれど、「はじめ」「なか」「おわり」の3つに分けて書いていくとすらすら書けた。前よりも作文がよく書けるようになったと思います。
・内容がしっかりしていた。他の人の作文を読んで、同じ内容のものに対しても、人によってちがう考えをもっていて、とてもきょうみ深かった。
・今まで作文のイメージは文法、文法と少しやりにくかったのですが、今までよりスラスラ書くことができる自信がつきました。
・構成がよくわかるので、勉強になった。もっと詳しくやりたかった。
・この授業はいつのまにか作文が好きだった小学生時代を思い出させてく

れました。
・日常でも使える説得方法がいろいろ分かったので良かった。
・人を納得させる文を書くのは、とても難しいと思いました。
・書いてみると相談してくれた人と同じ気持ちになって考えることもでき、楽しい授業となった。
・作文は全然ダメなのに、2回目の時は手引きを見てやったらけっこうスラスラかけて、うれしくなりました。
・書き始めがむずかしかった。
・作文は、「はじめ」「なか」「おわり」にわけてやるとうまくいくと分かった。チェックする紙（引用者注：「手引き」のこと）があって、わかりやすくて良かった。
・はじめ、なか、おわりと別の紙にかいての作文は、今まであまりやったことがなかったのでおもしろかったです。
・とても分かりやすい授業でした。作文もスイスイ書けました。

（B組）
・初めてカウンセラーという立場で書いたので新鮮でした。
・作文の構成はとても勉強になりました。
・作文を、はじめ、なか、おわりにするやつは分かりやすかった。
・作文の勉強に役立った。
・普段は特に意識して作文を書いたりはしていなかったけど、「手引き」を使って、意識して書けてよかった。漢字にも注意して書けた。
・赤色とか青色で線をひいたのが、少しむずかしかった。
・作文が少し書けるようになってよかった。
・作文は苦手だったので上手く書けるか不安だったけど、書いてみたらとても楽しかったです。感想文とかよりも、説得する作文は初めてだったけど楽しかった。
・これから作文を書くために、とても役に立った。
・最初は、「作文、どうやって書けばいいのかなぁ」と思ったけど、摺田先生の授業を受けて、とても作文の書き方、読みとり方がわかって、作

第五章　「説得するために書く」作文指導の実践的研究　191

文に自信がついた。

(C組)
・手引きを書いてからするとやりやすい。
・この授業でこう書けばいいんだ、というのがよくわかりました。
・原稿用紙が「はじめ」「なか」「おわり」に分かれているのが分かりやすかった。
・友達の作文を読むのは、他の考え方や言い方などが分かってすごくいいと思います。作文用紙が「はじめ」「なか」「おわり」と分かれているので、つけ足したりすることができて便利でした。意見文とのちがいも分かり、よかったです。全体的に分かりやすかったです。
・わかりやすく、納得のいく授業だった。
・自分のためになった。いい授業でした。本当によかった。
・けっこう作文が書けるようになった。
・最初に書いたものより、2回目に書いた文の方がスラスラ書けた。
・作文のいろいろなことが勉強になった。
・完璧でした。
・書けるか心配だったけど書けてよかった。
・最初より書けるようになってよかった。
・友達の作文を読むのはすごくおもしろかった。自分と同じテーマで書いた人も、またちがう考え方だったので、すごく参考になった。
・少しむずかしかった。でも、相手の心のほぐし方？などが分かってよかった。
・最初、書けないし、どういう風に書き始めたり、進めていったりすれば良いのか分からなかったけど、説明を聞いたり、プリントでまとめながらやったりしているうちに書き方が分かってきて、作文を書くのが楽しくなってきました。それに、少し作文を書く事に自信がついてきました。
・とても参考になりました。文の書き方「はじめ」「なか」「おわり」の内容が理解できた気がします。

〔意見〕

（A組）
・クラスを半分に分け、片方が相談者、片方が対応者となる。
・生徒の作文に意見を出した方が良いと思う。
・僕にとってはプリントが多過ぎて、管理するのが大変でした。
・作文を書き終わったあとに時間があったら1〜3回読み返して自分で間違いやつけたしをしたり修正したりすると良いと思う。
・自分の悩みを書いて、自分で励ます作文を書いたらおもしろいと思う。

（B組）
・意見文を書く勉強もしたかったです。
・もっと悩みをもっている人（引用者注：手紙？）の数を減らす。
・作文は、フィクションではなくノンフィクションの方が書きやすいと思う。本当の話の方が良い。そのことについて親身になって考えられるので。
・人によって、ここが一番大切！という文はちがうが、どれも大切な言葉だと思う。
・難しいレベルの作文などがあるとおもしろいと思う。

（C組）
・穴埋めや図式化のプリントなど、分かりやすいようにたくさんプリントを配布していただくのは嬉しいのだけれど、あんまりたくさんあると混乱しちゃう人もいると思うから、プリントの量は最低限にした方がよいと思います。
・1回目に書いたときは、けっこう書けたけど、2回目はむずかしかった。2回目の時、自分に似た悩みが多かったので、どれにしようかとすごく悩んでしまった。なので、もっといろいろな悩みの作文を書いてもらえるといいと思う。
・「はじめ」の書き方についてもっとくわしく教えた方が、きっかけがもてて、さらに向上すると思います。

（7）授業の改善策

　ここで改めて、ここまで述べてきたことからまとめて、本実践の改善策を述べてみたい。

　これは、大きく3点に集約できると考える。

　なおこれら3点を配慮するとなると、本実践には5〜6時間の配当が妥当であると考える。

① 　第一次作文を書くための、予備知識の充実

　今回の第一次作文の題材は、「摂食障害」であり、予備知識がないと香山リカの文章中にもあった、「先輩精神科医」の例のような失敗をしてしまう。

　学習者の「内的緊張感」の持続のためにも、こうした「摂食障害」のような深刻な精神障害の状況を、事前にわかりやすく教えておく必要がある。

② 　青線、赤線を引かせた後の話し合いの充実

　青線はクライアントの言葉の中で学習者が共感する部分、赤線はクライアントの言葉の中で学習者が疑問や反論を持った部分に引かれる。引かせた後、学習者相互の考え方を知り、インベンションの助けとするためにも、情報交換の話し合いを設定したい。

③ 　手紙その三、その四は中学1年生用、手紙その一、その二は中学2年生用とする

　手紙その三、その四は、説得する際は論理構造の中の（データ）、（理由づけ）のどちらに説得を試みようとしても、（主張）の部分を説得するのと同じ、「行動療法型」の説得となる。これは香西秀信の反論の型の分類における「主張」型反論と同様である。

　一方、手紙その一、その二は（理由づけ）の部分への説得は「論理療法型」の説得となり、これは香西秀信の反論の型の分類における「論証」型反論と同様になる。

　こうしたことに加え、手紙その三、その四は「交友関係」についての題材であり、小学校を卒業して中学校に入学し、交友関係に変化のある中学1年生に適しており、一方、手紙その一、その二は「勉強」「進路」につ

いての題材で、中学2年生に適していると考える。
　こうした点から、手紙その三、その四は中学1年生用、手紙その一、その二は中学2年生用としたい。

終　章　研究の結論

第1節　結　論

　わが国の近年の国語科教育における「対話」の教育の重要性は、平成10年7月の教育課程審議会答申の各教科別の主な改善事項からもうかがえる。「互いの立場や考えを尊重して言葉で伝え合う能力」の育成を改善の重点にしていることが、その証左である。さらに、その「対話」の機能を詳細に検討してみると、大きく「交流」と「交渉」に分類できることがわかる。

　そして、欧米諸国の初等教育ではこの「交渉」、そして交渉能力を支える「説得」を「論証」と区別して教育する自国語教育があり、「書くこと」の学習において「交渉」及び「説得」を学習するカリキュラムができている。ところがわが国の国語科教育においては「説得」と「論証」を区別する伝統がないため、「論証」と区別した「説得」、さらに「交渉」の能力を育成する必要がある。

　しかし、わが国の公教育では、特に「交渉」を政治や商取引の形で学習することは難しい。中学生にとっては心の問題、カウンセリングの理論・技法と関連させて「説得」の方法を学ぶことが「実の場」として学習が成立することになると考える。

　カウンセリング理論の基盤となっている「一般意味論」は、1980年代から主に説明的文章教材、そして言語事項教材に採用されていくが、「一般意味論」の指導事項を教え込むタイプの教材が多い。学習者が発見的に学習していくタイプの教材づくりが待たれる。

　「一般意味論」と関係の深い、日常的論理学の研究成果としての「トゥ

ルミンモデル」を援用し、小学生・中学生の論理構造の発達に関する先行研究を概観すると、特に中学2年生ごろに成人なみの論理構造が構成されることがわかる。そこで、「一般意味論」「カウンセリングの理論・技法」を発見的に学習していくのに適した発達段階は中学2年生以降ということになる。

　「交渉」「説得」というと、「話すこと」との関連をイメージしやすいが、中学生段階で「交渉」「説得」の基礎能力を育成するという目標に立てば、「書くこと」によってじっくりと学習に取り組み、考えることで目標を達成することが必要であることがわかる。わが国の「書くこと」自体の研究は、それまでのコンポジション指導中心の学習観から、インベンション指導の方向へと関心が移っている。これまでのインベンション指導の成果から、特に先行研究として大西道雄がオーガナイザーとして取り上げた「キーワード」を、学習者の外から与えるのではなく、学習者自らが発見していく学習の方法を創り上げる必要がある。

　実践研究において筆者は、「悩みごと相談の手紙」4種類を作成の際、今日の中学生の切実な問題について取り上げること、手紙の論理構造は日常論理の構造と同様に重層的であること、学習者が作文を書く際にオーガナイザーとしての「キーフレーズ」に気づけるように、カウンセリング理論でいう「クライエントのゆがみ」「イラッショナルビリーフ」と呼ばれる「キーフレーズ」をさりげなく「悩みごと相談の手紙」4種類に入れることで学習者自らがオーガナイザーとしての「キーフレーズ」を発見していく学習の方法を提案した。このような学習の手順は柳沢浩哉が提案したインベンション指導の方法、

　　①題材の検討
　　②主題（主張の発見）
　　③材料の選択、配置

　　　　　（「国語科教科書におけるインベンションの研究」『文教大学国文』第18号
　　　　　　　　　　　　　　　　文教大学国語研究室　1989年　40ページ）

とも重なってくるものである。

　インベンション指導と関係した「配列」、つまり文章構成指導については、形式段落や意味段落単位に考えるのではなく、「序論（はじめ）・本論（なか）・結論（おわり）」のゆるやかな三部構成で考えていきたい。この配列は、アリストテレス以来のレトリック理論における構成、及び「説得」の方法としてのカウンセリング理論・方法とも合致するものである。

　ただし「序論（はじめ）・本論（なか）・結論（おわり）」それぞれの部分の働きについては、学習者に教え込むのではなく、学習者が発見的に捉えられるようにしたい。そこでまずはオーガナイザーとしての「キーフレーズ」が顕わな教材を提示し、一次作文を書かせて、その作文の文章構成を教材として学習者が「説得」するための文章構成に気づくように授業を組み立てる。実際の授業では3クラスでその構成にかなった一次作文はそれぞれ1例程度しかできなかったが、そこに他の作文のフレーズを組み込んで集積したものを教材化し、学習者に提示することで、文章構成と各部分の内容、言い回しの工夫を発見できるようにした。

　第二次作文を書く際には、チェックリスト方式による「手引き」の活用を図り、「作文」という複雑な作業に学習者が頭の中を整理して取り組めるようにした。学習者の多くの者が「手引き」を活用することとなった。特に作文の苦手な学習者にとっては、「手引き」がチェックリスト形式をとることで指導者側にも学習者のつまずきの状態が把握しやすく、学習者に対する指導助言、支援、励ましといった言葉かけが増えることにつながって学習意欲の向上が期待できる。

　第1時で使用した、オーガナイザーとしての「キーフレーズ」が顕わな教材（香山リカの文章）が高校生の摂食障害を取り上げ、男女別・4種類の「悩みごと相談の手紙」は、今日の中学生の切実な問題について取り上げたことで、いわゆる「実の場」としての作文指導の場を作り出すことができた。中学3年生の発達段階としては、まだまだ説得する対象の「性」

に影響される面は大きく、実在の人物を説得することには困難さが伴う。「交渉」「説得」の実際の場を教室に持ち込むことは中学生にとっては困難であることが予想される。そこで現在の中学生にとっての関心事である「心」の問題を国語科の学習に組み込み、男女別・4種類の「悩みごと相談の手紙」の返事という虚構の作文学習を設定し、それが論理の学習と結びつくことで教材性を持たせようと考えたが、第二次作文の書きぶりや、「授業後のアンケート」によって、指導者の意図が学習者にも理解されたことがわかる。

　今後の本実践の課題としては、①第一次作文の題材に関する予備知識を充実させること、②第二次作文を書く際に学習者に青線、赤線を引かせた後の話し合いの充実、③題材や論理構造と考えられる説得の仕方の性格を考慮し、「交友関係」について扱った手紙その三、その四を中学1年生向け、「勉強」や「進路」について扱った手紙その一、その二を中学2年生向けの教材とすること、が挙げられる。また、この学習を意見文の作文学習の初期指導に位置づけ、「インベンション指導」「文章構成指導」の学習として成立させることも可能ではないかと筆者は考えている。

あ と が き

　ここでははじめに本研究を発想するに至った背景について述べ、さらにこれまでこの研究に関係した方々への感謝を述べることにしたい。
　私の家は、商売を営んでいる。私が6歳の頃から両親が営む、化学ぞうきん、モップ、じゅうたんのレンタル業である。教員を家庭や親族に持たない環境で私は育った。私自身は商売の才能には恵まれなかったが、父母の苦労する姿を通して「経営」「交渉」「説得」といったものに触れていたように思う。私の弟は私と性格が反対とも言ってよく、社交的で商才もあった。次男である弟が家業を継ぎ、私は公立中学校の教員となった。本論文での実践研究で使用した教材「手紙その一」は、私の生活環境もモチーフとなっているものだ。
　私は10歳の頃に将棋に興味を持ち、現在は日本将棋連盟認定の四段である。私の少年時代は中原誠永世十段や米長邦雄永世棋聖の全盛時代であり、また大山康晴15世名人もタイトル戦によく出場されていた。私は、米長永世棋聖の著書を通して間接的にではあるが大山15世名人の将棋観に触れることになる。それは「どんなに天才的な人間でも間違える」「将棋は良い手を指して勝つのではなく、悪い手を指して負けるものである」ということである。人間が行うことであるからすべて整合的であるということはなく、どんなに論理的に考えても間違った選択をすることがある。将棋や碁は演繹論理の組み合わせでできていると思われがちであるが、実際はもっと論理的には飛躍が大きい面と、部分的、論理的には間違っていても手として成立してしまうことがあるゲームである。「棋は対話なり」という言葉がある。「対話」というものは「交流」と「交渉」からできていることを論文中で述べたが、そのイメージは将棋から学んだ。私自身、プロ棋士との対戦も経験しており、プロの強さは実感している。それでもなおプロでも「間違える」ことがあることを、私は実戦譜を並べることを

通して知っている。大山15世名人の先輩や同世代、後輩には15世名人を超える棋才の持ち主は多かったと聞き及んでいるが、なぜ彼らは大山15世名人に勝てなかったのか。史上最強と言われる大山15世名人の「受け」の強さは、先に述べた「どんなに天才的な人間でも間違える」「将棋は良い手を指して勝つのではなく、悪い手を指して負けるものである」という将棋観、人間観が原点にある。

　教員になってから10年目、私は栃木県北の黒磯市に広域人事異動した。その年度の1月に黒磯北中で女性教員が生徒にナイフで刺殺される事件が起きた。私の勤務校は隣りの学区ではあったが、犯人の生徒と同じ中学1年生を担任し、しかも生徒たちは犯人の生徒と同じ出身小学校の者が半数近くいるという環境であった。その小学校の荒れた状態の6年生が中学1年生に進級し、そして当時の私の勤務校は、市民の多くから「黒磯北中よりも荒れている学校」「なぜこの学校で事件が起きないで、黒磯北中で事件が起きたのか」と言われていた。私は赴任当初から当時の1年生に対しては厳しく管理的に接し、自分なりに、学校が荒れることは未然に防いできたが、上級生の荒れ方は「なんでもあり」の状況であった。後にこの1年生の代が3年生に進級して、学校はそれまでの状態がウソのように沈静化することになる。

　私は管理的に生徒と接する一方、これほどまでに荒れたり、心に不安を持つ生徒の状態を理解するために、精神医学やカウンセリングの本を読むようになる。荒れている学校で勤務する場合、教師自身のメンタルヘルスに関しても関心を持つ必要がある。私は國分康孝先生の本をよく読み、そこで「論理療法」と出会う。論理療法の祖、アルバート＝エリスは、「どんなに論理的な人間でも間違える」「どんなに論理的な人間でも神経症になる」と述べた。私は実感をもってそれらの言葉を捉えることができた。カウンセリング理論の根本に「一般意味論」があり、国語科教育との関わりも深いことを知って私はこれらの理論書を読みあさるようになる。

　実践研究の場である小山市立小山第三中学校は、かつて荒れていたことがあったそうだが、時代も平成になってからきちんとした生徒指導体制が

確立して、大変授業もやりやすい学校である。規模も900人規模であり、市のほぼ中心に位置し、生徒や保護者の進学に対する関心も高い。私は副担任として授業に専念できる環境が与えられ、日々の授業に力を入れることができた。しかし、ここでは、黒磯にいた時とは違うタイプの荒れを経験することになる。

一応授業中は静かだが、低学力で意欲に欠ける生徒が多く見られる。まるで改善しよう、向上しようという覇気が感じられない。それでいてテストの点数には異常にこだわる。そうしたタイプの生徒が妙に多い。日々の学習と自分の生き方に生徒自身が関連を感じられないのではないかと私には思えた。

「何のために学ぶのか」「これを学ぶことが自分にとってどんな意味があるのか」私にはこのような問いを生徒から突きつけられているように思えた。国語科の学習が個人の生活とどう関係するのか。勉強ができるようになるのは進学のためだけなのか。

私は日々の国語科の授業に行き詰まりを感じてきていた。私の勤務歴では、スキルの積み上げ型の学習はほとんどの児童・生徒が低学力でしかも荒れている学年・学級の場合に威力を発揮したが、学力と意欲の個人差の大きいこの生徒たちには有効であるとは思えなくなっていた。私は筑波大学大学院への進学によってその打開策を得ようとした。

スキルの積み上げ型の学習形態に凝り固まっていた私に、鳴島甫先生の、生徒が持っているものを引き出し工夫をさせる実践事例は新鮮であった。鳴島先生から学び、新たな自分なりの実践を創ろうという意欲は出てきたものの、所詮は私自身の能力の低さから鳴島実践の表層をかじっただけであり、筑波での1年目は具体的な実践を構想することができない日々が続いていた。今考えれば先生からもっとよく引き出し、学ぶ工夫が私に足りなかったと思う。

甲斐雄一郎先生、塚田泰彦先生にもよくお声をかけていただいた。甲斐先生は私が文教大学の学生であった頃の教官のお一人であり、私は一学生に過ぎなかったのであるが、何かと修士論文の相談にも乗って下さり、有

り難かった。お二人の先生から、あわてず慎重に論を進めていくことを学んだように思う。

また、専門外ではあるが、古典文学の名波弘彰先生には励ましていただくことが多かったと思う。先生の玉稿のワープロ清書のお手伝いを通して、論文体の対話性に気づかされた。先生の文章は、読み手である私がまるでその場で講義を受けているような印象を受けてしまうような文体である。後に西村肇「「論理的な」表現と「ロジカル」な表現」(『言語』1997年3月号27－37ページ)を読み、欧米の「ロジカル」な表現の論文は講義口調の文体であることを知った時、真っ先に思い浮かんだのが名波先生の論文体や御講義であった。

また、大学院2年目5月の国語教育コースでの修士論文構想発表会が終わって2～3日後、名波先生にお声をかけられた際に、「期待しているから、がんばりなさい」と言われたことは心強かった。構想発表はあまりうまくいかなかったという思いがあっただけに、この言葉には心温まる思いがした。

平成15年の9～10月にかけて小山市立小山第三中学校で実践研究を行ったが、国語科の小林孝司先生、宮崎晃夫先生、関和久美子先生には3年選択国語科の授業を快く提供していただき、しかもビデオでの記録やアドバイスなど、大変勉強させていただいた。本校の先生方、また選択国語科の3年生諸君にも貴重な時間をいただき、感謝したい。

この2年間の大学院在学期間に、小山市立小山第三中学校の前校長の中野晴永先生、現校長の大塩宗里先生には大変お世話になった。中野先生は私の中学生時代の美術担当の先生だった。筆や絵の具の使い方の基本をしっかり教えられ、一方で生徒の発想を生かした指導をされていた。苦手な美術の時間が自分なりに手応えのある作品が作れる時間になった。生徒の発想を引き出すという点で、今の私に影響を与えたと考えている。大塩先生は私の中学生時代の吹奏楽部の顧問であった。私は部長を務めさせていただいた。力及ばない部分が多かったと思うが、先生は生徒の自主性を最大限に生かす部活動運営をされていたと思う。こうした、生徒の発想を生

かす両先生の指導が本研究の発想の原点であると思う。

　また、私は大学院修学休業制度により筑波大学大学院に入学できた。2年間の休業期間を許可してくださった栃木県教育委員会及び小山市教育委員会に感謝したい。

　修士論文執筆中の平成15年11月末に弟雅良が突然の病により急死した。家業を継ぎ、母も妹も私も頼りにしていただけに、精神的に大変な打撃を受けた。弟に対して私はあまり兄らしいことはしてやれなかったが、弟は私の黒磯への転勤の手伝いをはじめ、何かとあれこれと手伝ってくれた。今となっては感謝の気持ちしかない。

　12月は葬儀、仏壇や墓の購入、弟の仕事の整理の手伝いや保険、銀行とのやりとりなどの合間に論文執筆をすることとなり、体力的にも相当つらかったが、大学院の国語教育コースの学友の励ましもありなんとか論文提出の運びとなった。国語教育コースのみなさんに感謝したい。

　末筆になるが、何と言ってもこの休業期間、無給の私の最大の支えは母であった。弟の死という打撃にも耐え、これまで私や妹のために頑張ってきたことに対する感謝の気持ちは本当に言葉にならない。ありがとう。

　2004年6月

摺　田　誉　美

引用・参考文献

・説得、交渉、対話、コミュニケーション関連
1. 井上尚美『レトリックを作文指導に活かす』　　　　　（明治図書　1993）
2. 井上尚美「「説得」の方法」『新版　高校国語一　二訂版』　274－282頁
　　　　　　　　　　　　　　　　　　　　　　　　　　（日本書籍　1998）
3. 倉八順子『こころとことばとコミュニケーション』
　　　　　　　　　　　　　　　　　　　　　　　　　　（明石書店　1999）
4. 桑原隆　　『言語生活者を育てる』　　　　　　　（東洋館出版社　1996）
5. 香西秀信『反論の技術』　　　　　　　　　　　　　（明治図書　1996）
6. 香西秀信『修辞的思考』　　　　　　　　　　　　　（明治図書　1998）
7. 西郷竹彦『西郷竹彦文芸教育著作集　別巻1』　　　（明治図書　1982）
8. 佐久間賢『交渉力入門』　　　　　　　　（日本経済新聞社　2002）
9. 菅原裕子『コーチングの技術』　　　　　　　　　　　（講談社　2003）
10. 全国大学国語教育学会編『実験授業による授業改革への提案』
　　　　　　　　　　　　　　　　　　　　　　　　　　（明治図書　2002）
11. 髙木まさき『「他者」を発見する国語の授業』　　　（大修館書店　2001）
12. 高杉尚孝『論理的思考と交渉のスキル』　　　　　　　（光文社　2003）
13. 高橋俊三「説く・納得させる　説得」『教育科学　国語教育』
　　2003年10月号　102－106頁　　　　　　　　　　　（明治図書　2003）
14. 中嶋洋介『交渉力』　　　　　　　　　　　　　　　（講談社　2000）
15. 中島義道『〈対話〉のない社会』　　　　　　　　（PHP研究所　2001）
16. 西村肇「「論理的な」表現と「ロジカル」な表現」
　　『言語』1997年3月号　27－37頁　　　　　　　　（大修館書店　1997）
17. 野内良三『レトリック入門』　　　　　　　　　　（世界思想社　2002）
18. パスカル（前田陽一・由木康訳）『パンセⅡ』　　（中央公論社　2001）
19. 深田博己編著『コミュニケーション心理学』　　　　（北大路書房　2001）
20. 深田博己編著『説得心理学ハンドブック』　　　　　（北大路書房　2002）
21. 増原良彦『説得術』　　　　　　　　　　　　　　　（講談社　1983）
22. 向坂寛『対話のレトリック』　　　　　　　　　　　（講談社　1988）
23. 安本美典『説得の科学』　　　　　　　　　　　　（PHP研究所　1997）

24. ロイ・J・レビスキー他（藤田忠監訳）『交渉学教科書』
　　　　　　　　　　　　　　　　　　　　　　　　　　　　　　（文眞堂　1998）
・諸外国での例
　　25. 位藤紀美子「イギリスにおける作文指導」
　　　　『国語科教育』第31集　75－85頁　　　（全国大学国語教育学会　1984）
　　26. 伊藤洋編著『国語の教科書を考える』　　　　　　　（学文社　2001）
　　27. 三森ゆりか『論理的に考える力を引き出す』　　　　（一声社　2002）
　　28. 山本麻子『ことばを鍛えるイギリスの学校』　　　（岩波書店　2003）
・文部省学習指導要領、指導資料関連
　　29. 『中学校国語指導資料　国語科における学習指導と評価―作文の学習指導―』　　　　　　　　　　　　　　　　　　　　　　　　　　　　（慶應通信　1993）
　　30. 『中学校学習指導要領解説　国語編』　　　　　　（東京書籍　1999）
　　31. 『中学校学習指導要領解説　保健体育編』　　　　（東山書房　1999）
　　32. 『中学校学習指導要領解説　特別活動編』　　　　（ぎょうせい　1999）
　　33. 『高等学校学習指導要領解説　国語編』　　　　　　（東洋館　2000）
　　34. 『小学校学習指導要領解説　国語編』　　　　　　　（東洋館　2001）
・推論、論理構造の発達
　　35. 市川伸一『考えることの科学』　　　　　　　　（中央公論社　2001）
　　36. 岩永正史「説明文教材の論理構造と読み手の理解」
　　　　井上尚美編『言語論理教育の探求』　212－227頁
　　　　　　　　　　　　　　　　　　　　　　　　　　　（東京書籍　2000）
　　37. 佐伯胖『考えることの教育』　　　　　　　　　　　（国土社　1990）
　　38. 西林克彦『間違いだらけの学習論』　　　　　　　　（新曜社　1996）
　　39. 長谷川祥子『論理的思考力を育てる授業の開発　中学校編』
　　　　　　　　　　　　　　　　　　　　　　　　　　　（明治図書　2003）
　　40. J．ピアジェ（滝沢武久・岸田秀訳）『判断と推理の発達心理学』
　　　　　　　　　　　　　　　　　　　　　　　　　　　　（国土社　1971）
　　41. J．ピアジェ（波多野完治・滝沢武久訳）『知能の心理学』
　　　　　　　　　　　　　　　　　　　　　　　　　　　（みすず書房　1971）
・思考指導、一般意味論関係
　　42. 荒井栄『言語の意味機能』　　　　　　　　　（法政大学出版　1958）
　　43. 井上尚美『言語・思考・コミュニケーション』　　（明治書院　1972）
　　44. 井上尚美「アメリカの最近の教科書」『国語科教育』第31集　67－74頁

　　　　　　　　　　　　　　　　　（全国大学国語教育学会　1984）
　45．井上尚美『言語論理教育入門』　　　　　　（明治図書　1989）
　46．井上尚美『思考力育成への方略』　　　　　（明治図書　1998）
　47．井上尚美他『国語科における思考の発達』　（明治図書　1972）
　48．井上尚美他『一般意味論』　　　　　（河野心理教育研究所　1974）
　49．井上尚美他『国語教育・カウンセリングと一般意味論』
　　　　　　　　　　　　　　　　　　　　　　　（明治図書　2002）
　50．有働玲子「一般意味論の一考察」『国語科教育』第31集　86－92頁
　　　　　　　　　　　　　　　　　（全国大学国語教育学会　1984）
　51．有働玲子「一般意味論の指導に関連する教科書教材の分析」
　　　『読書科学』第30巻第2号　　　　　　（日本読書学会　1986）
　52．小野田博一『論理的に書く方法』　　（日本実業出版社　1998）
　53．中村敦雄「一般意味論の応用に関する一考察」
　　　『国語科教育』第39集　59－66頁　（全国大学国語教育学会　1992）
　54．中村敦雄『日常言語の論理とレトリック』
　　　　　　　　　　　　　　　　　　　（教育出版センター　1993）
　55．西部直樹『「議論力」が身につく技術』　　（あさ出版　2003）
　56．S．I．ハヤカワ（大久保忠利訳）『思考と行動における言語　原書版第
　　　四版』　　　　　　　　　　　　　　　　　（岩波書店　2002）
　57．福澤一吉『議論のレッスン』　　　　　　　（NHK出版　2002）
　58．福沢周亮「教育相談場面における言葉」『東京教育大学教育相談所紀要』
　　　第3集　6－16頁　　　　　　（東京教育大学教育相談所　1961）
　59．福沢周亮「一般意味論と心理療法」『読書科学』第6巻第3号
　　　　　　　　　　　　　　　　　　　　　（日本読書学会　1962）
　60．横山親平『コトバは凡てではない』　　　　（中央経済社　1961）
・カウンセリング関連
　61．伊藤順康『自己変革の心理学』　　　　　　　（講談社　1992）
　62．A．エリス（國分康孝・伊藤順康訳）『論理療法』
　　　　　　　　　　　　　　　　　　　　　　　（川島書店　1981）
　63．A．エリス他（稲松信雄他訳）『REBT入門』
　　　　　　　　　　　　　　　　　　　　　（実務教育出版　1996）
　64．押切久遠『非行予防エクササイズ』　　　　（図書文化　2001）
　65．香山リカ『心とおなかの相談室』　　　　　（NHK出版　2003）

66. 蔭山昌弘『現場教師のための学校カウンセリング入門』
　　　　　　　　　　　　　　　　　　　　　　　（黎明書房　1997）
67. H. コウイー他（高橋通子訳）『学校でのピア・カウンセリング』
　　　　　　　　　　　　　　　　　　　　　　　（川島書店　1999）
68. 國分康孝『カウンセリング心理学入門』　　　（PHP研究所　2002）
69. 國分康孝『自己発見の心理学』　　　　　　　　（講談社　2002）
70. 國分康孝『カウンセリングの理論』　　　　　　（誠信書房　2003）
71. 國分康孝編『論理療法の理論と実際』　　　　　（誠信書房　1999）
72. 國分康孝他『カウンセリングQ&A』　　　　　（誠信書房　1995）
73. 桜井茂男『子どものストレス』　　　　　　　（大日本図書　2002）
74. 高橋和巳『心を知る技術』　　　　　　　　　　（筑摩書房　1997）
75. ヒューマックス編『ピア・カウンセリング入門』
　　　　　　　　　　　　　　　　　　　　　　（オーエス出版　2001）
76. 平木典子『カウンセリングとは何か』　　　　（朝日新聞社　1997）
77. A. フォーベル他（戸田有一訳）『子どもをキレさせない　おとなが逆ギレしない対処法』　　　　　　　　　　　　　（北大路書房　2003）
78. 深谷昌志監修『モノグラフ・中学生の世界　中学生の悩み』
　　　　　　　　　　　　　　　　　　　　（ベネッセ教育研究所　2001）
79. 本田恵子『キレやすい子の理解と対応』　　　（ほんの森出版　2002）
80. ヤンクラ他（國分康孝他訳）『アルバート・エリス　人と業績』
　　　　　　　　　　　　　　　　　　　　　　　（川島書店　1998）
81. 横山好治『友だちともっと仲良く』　　　　　　　（学研　1999）
82. 吉家重夫『思春期のなやみ方』　　　　　　（ごま書房　初版　2003）
83. 渡辺康麿『教師のためのレター・カウンセリング』
　　　　　　　　　　　　　　　　　　　　　　　（学陽書房　1998）

・レトリック、インベンション関連
84. 浅野楢英『論証のレトリック』　　　　　　　　（講談社　1996）
85. アリストテレス（村治能就・宮内璋訳）『アリストテレス全集2』
　　　　　　　　　　　　　　　　　　　　　　　（岩波書店　1970）
86. アリストテレス（戸塚七郎訳）『弁論術』　　　（岩波書店　2002）
87. 梅棹忠夫『知的生産の技術』　　　　　　　　　（岩波書店　1997）
88. 大西道雄『作文教育における創構指導の研究』　（溪水社　1997）
89. 小田迪夫「意見文指導の課題」『月刊国語教育研究』第178号　23-27頁

　　　　　　　　　　　　　　　　　　　　（日本国語教育学会　1987）
90. 垣内松三『国語の力　国語の力（再稿）』　　　（明治図書　1991）
91. 樺島忠夫『文章表現法』　　　　　　　　　　　（角川書店　1999）
92. 木原茂「作文教育における創造力の育成」
　　『国語科教育』第28集　18－24頁　　（全国大学国語教育学会　1981）
93. 木村泉『ワープロ作文技術』　　　　　　　　　（岩波書店　1994）
94. 香西秀信『論争と「詭弁」』　　　　　　　　　　　（丸善　1999）
95. 輿水実『表現学序説―作文教育の改造』　　　　（明治図書　1969）
96. 齋藤孝『三色ボールペン情報活用術』　　　　　（角川書店　2003）
97. 佐藤信夫『レトリック感覚』　　　　　　　　　　（講談社　1986）
98. 高田早苗『美辞学　後編』　　　　　　　　　　　（金港堂　1879）
99. 田中宏幸『発見を導く表現指導』　　　　　　　（右文書院　1998）
100. 外山滋比古『日本語の論理』　　　　　　　　　（中央公論社　1998）
101. 中川昌彦『自分の意見がはっきり言える本』　　（PHP研究所　2003）
102. 中村明「国語教育におけるレトリックの問題」
　　『日本語学』第2号 35－42頁　　　　　　　　（明治書院　1983）
103. 中村雄二郎『場所　トポス』　　　　　　　　　　（弘文堂　1989）
104. 鳴島甫『"レトリック"原点からの指導』　　　（大修館書店　1994）
105. 橋内武『ディスコース』　　　　　　　　　　（くろしお出版　2003）
106. 波多野完治『現代レトリック』　　　　　　　　（大日本図書　1973）
107. 速水博司『近代日本修辞学史』　　　　　　　　　（有朋堂　1988）
108. R．バルト（沢崎浩平訳）『旧修辞学　便覧』　（みすず書房　1979）
109. H．F．プレット（永谷益朗訳）『レトリックとテクスト分析』
　　　　　　　　　　　　　　　　　　　　　　　　　（同学社　2000）
110. C．ペレルマン（三輪正訳）『説得の論理学』　　　（理想社　1980）
111. 妙木浩之「キーワードとメタファーの発見と使用」
　　『現代のエスプリ　言葉と精神療法』177－189頁　　（至文堂　1989）
112. 三輪真木子『情報検索のスキル』　　　　　　　（中央公論社　2003）
113. 泉子・K・メイナード『談話分析の可能性』
　　　　　　　　　　　　　　　　　　　　　　（くろしお出版　2001）
114. 森岡健二「国語教育とは何か」『言語生活』第293号　20－32頁
　　　　　　　　　　　　　　　　　　　　　　　　（筑摩書房　1976）
115. 柳沢浩哉「タグミック・インベンションの理論」

　　　　『人文科教育研究13』51－62頁　　　　　　（人文科教育学会　1986）
116. 柳沢浩哉「現行の国語教科書に見られるインベンション」
　　　　『人文科教育研究14』43－55頁　　　　　　（人文科教育学会　1987）
117. 柳沢浩哉「国語教科書におけるインベンションの研究」
　　　　『文教大学国文』第18号　36－41頁　　　（文教大学国語研究室　1989）
118. 山口義久『アリストテレス入門』　　　　　　　　　（筑摩書房　2001）
119. O.ルブール（佐野泰雄訳）『レトリック』　　　　　　（白水社　2000）

・文章構成

120. 阿部昇「「起・承・束・結」は本当に基本形式か」
　　　　大西忠治編『国語教育評論8』　73－79頁　　　　　（明治図書　1988）
121. 市川孝『文章論概説』　　　　　　　　　　　　　　（教育出版　1994）
122. 市毛勝雄『説明文の読み方・書き方』　　　　　　　（明治図書　1985）
123. 市毛勝雄『国語科授業の常識を疑う　3　作文』　　　（明治図書　1990）
124. 市毛勝雄『説明文教材の授業改革論』　　　　　　　（明治図書　1997）
125. 市毛勝雄『作文の授業改革論』　　　　　　　　　　（明治図書　1997）
126. 市毛勝雄『言語技術教育入門』　　　　　　　　　　（明治図書　2002）
127. 大森修編著『市毛式生活作文&山田式感想文の技術』
　　　　　　　　　　　　　　　　　　　　　　　　　　（明治図書　1995）
128. 樺島忠夫『文章構成法』　　　　　　　　　　　　　　（講談社　2000）
129. 木下是雄『理科系の作文技術』　　　　　　　　　　（中央公論社　2001）
130. 木下是雄『レポートの組み立て方』　　　　　　　　　（筑摩書房　2002）
131. 言語技術の会編『実践・言語技術入門』　　　　　　（朝日新聞社　2000）
132. 桜沢修司『論理的な作文の指導技術』　　　　　　　（明治図書　1996）
133. 佐渡島紗織「言語の抽象度を調節させるアメリカの作文指導Power Writing」『国語科教育研究　第102回大会研究発表要旨集』9－16頁
　　　　　　　　　　　　　　　　　　　　　（全国大学国語教育学会　2002）
134. 澤田昭夫『論文の書き方』　　　　　　　　　　　　　（講談社　2001）
135. 澤田昭夫『論文のレトリック』　　　　　　　　　　　（講談社　2002）
136. 篠田義明『コミュニケーション技術』　　　　　　　（中央公論社　1999）
137. 長尾高明「文章と段落」『日本語学』第11号　26－32頁
　　　　　　　　　　　　　　　　　　　　　　　　　　（明治書院　1992）
138. 野口悠紀雄『「超」勉強法』　　　　　　　　　　　　（講談社　2000）
139. 野口悠紀雄『「超」文章法』　　　　　　　　　　　（中央公論社　2002）

140. 水川隆夫『説明的文章指導の再検討』　　　（教育出版センター　1992）
141. 森岡健二『文章構成法』　　　　　　　　　　　　（至文堂　1981）
・要約、引用指導
142. 宇佐美寛『論理的思考』　　　　　　　（メヂカルフレンド社　1991）
143. 宇佐美寛「引用なきところ印象はびこる」
　　波多野里望編著『なぜ言語技術教育が必要か』　137 - 153頁
　　　　　　　　　　　　　　　　　　　　　　　　（明治図書　1992）
144. 宇佐美寛『作文の論理』　　　　　　　　　　　　（東信社　1998）
145. 宇佐美寛『自分にとって学校はなぜ要るのか』　（明治図書　2003）
146. 小田迪夫『説明文教材の授業改革論』　　　　　（明治図書　1986）
147. 鳴島甫『"レトリック"原点からの指導』　　　（大修館書店　1994）
・作文教育
148. 大内善一『思考を鍛える作文授業づくり』　　　（明治図書　1994）
149. 大内善一『作文授業づくりの到達点と課題』　　（東京書籍　1996）
150. 大内善一『コピー作文がおもしろい』　　　　　（学事出版　1997）
151. 大内善一「論理的な文章の書き方を指導するための作文教材の開発」
　　井上尚美他編『言語論理教育の探求』　160 - 179頁
　　　　　　　　　　　　　　　　　　　　　　　　（東京書籍　2000）
152. 大内善一『「伝え合う力」を育てる双方向型作文学習の創造』
　　　　　　　　　　　　　　　　　　　　　　　　（明治図書　2001）
153. 大西道雄『短作文指導の方法』　　　　　　　　（明治図書　1980）
154. 大西道雄『意見文指導の研究』　　　　　　　　　（溪水社　1990）
155. 大西道雄『作文の基礎力を完成させる短作文指導』
　　　　　　　　　　　　　　　　　　　　　　　　（明治図書　1993）
156. 大西道雄編著『コミュニケーション作文の技術と指導』
　　　　　　　　　　　　　　　　　　　　　　　　（明治図書　1998）
157. 大村はま『大村はま国語教室第六巻』　　　　　（筑摩書房　1984）
158. 大森修『作文技術で思考を鍛える』　　　　　　（明治図書　1991）
159. 貝田桃子『作文教材の開発に関する研究』　　　　（溪水社　2000）
160. 樺島忠夫『情報創造』　　　　　　　　　　　　　（三省堂　1969）
161. 樺島忠夫『書くことの意味』　　　　　　　　（毎日新聞社　1977）
162. 上條晴夫『作文指導10のコツ』　　　　　　　　（学事出版　1999）
163. 上條晴夫『文章を上手につくる技術』　　　　　（あさ出版　2003）

164. 倉澤栄吉『倉澤栄吉国語教育全集5』　　　　　（角川書店　1992）
165. 小森茂他編著『手紙や通信文を書く学習』　　（明治図書　2000）
166. 小森茂他編著『「言語活動例」の授業モデル』（明治図書　2001）
167. 西尾実『西尾実国語教育全集第三巻』　　　　（教育出版　1976）
168. 三木光範『理系発想の文章術』　　　　　　　（講談社　2002）
169. 山口正『レトリック理論と作文指導』　　（教育出版センター　1984）

・LD、ADHDへの指導

170. M．ファウラー（沢木昇訳）『手のつけられない子それはADHDのせいだった』　　　　　　　　　　　　　　　　　　　（扶桑社　1999）
171. L．フィフナー（上林靖子他訳）『ADHDをもつ子の学校生活』
　　　　　　　　　　　　　　　　　　　　　　（中央法規出版　2002）
172. 横山浩之「専門医から見た向山型国語」
　　『向山型国語教え方教室』第15号　76－77頁　（明治図書　2003）

・その他

173. K．バーグ（森常治訳）『動機の文法』　　　　（晶文社　1982）
174. 秦野悦子編『ことばの発達入門』　　　　　　（大修館書店　2001）
175. M．バフチン（新谷敬三郎他訳）『ことば　対話　テキスト』
　　　　　　　　　　　　　　　　　　　　　　　（新時代社　1991）

著者　摺田　誉美（すりた　たかよし）

1965年　栃木県生まれ
1988年　文教大学教育学部卒業
2004年　筑波大学大学院修士課程教育研究科教科教育専攻修了
現　在　栃木県小山市立小山城南中学校教諭

「説得するために書く」作文指導のあり方

2004年11月1日　発行

著　者　摺　田　誉　美
発行所　株式会社 溪 水 社
　　　　広島市中区小町1－4（〒730-0041）
　　　　電話（082）246－7909
　　　　FAX（082）246－7876
　　　　E-mail:info@keisui.co.jp

ISBN4-87440-838-9 C3081